日経文庫
NIKKEI BUNKO

データサイエンティスト入門

野村総合研究所データサイエンスラボ［編］

日本経済新聞出版

まえがき

「データサイエンティスト」という職業が注目をあびるようになってきています。ビジネスの世界において、データを分析する仕事は以前からありました。いまや、データをもとに将来を予測し、企業が何をすべきかまで示唆できる時代になったのです。

このような中、データサイエンスに関わる知識（数学やプログラミングなど）を紹介する本は、書店の店頭にもたくさん並んでいます。ところが、「データサイエンティスト」という職業を紹介した本を目にすることは多くありません。データサイエンティストはどんな仕事をしているのか、どんな能力が必要なのか、なぜ注目されているのか、職業として未来はあるのかなどを紹介したものが見当たらないのです。

このままでは、データサイエンスとは何かを理解できても、職業としてのデータサイエンティストが理解されないため、データサイエンティストを目指す人が増えないのではないかと感じ、本書を執筆することとなりました。

筆者が所属する野村総合研究所では、２０２１年4月に「データサイエンスラボ」を発足させ、全社のデータサイエンスビジネスを加速させました。本書は、データサイエンスラボを中心に、データサイエンティストという職業を紹介することを目的にまとめたものです。

第1章では「いまなぜデータサイエンティストなのか」として、データサイエンティストをめぐる現状を整理しています。

第2章「データサイエンティストに求められる3つの能力」、第3章「データサイエンティストの仕事」では、具体的に必要な能力や、その能力を活かした仕事の内容を紹介しています。これからデータサイエンティストを目指す人の参考になるでしょう。

第4章では「データサイエンティストのリアル」として、野村総合研究所のデータサイエンティストの働き方をもとに、ストーリー仕立てで紹介しています。日々の業務として、どのようなことに取り組んでいるのかを、具体例として感じていただけると思います。

第5章では「データサイエンティストが拓く未来」として、現在の課題や解決策を提示するとともに、データサイエンティストの将来性を紹介しています。データサイエンティストの不足状況など、具体的なデータも紹介しながら、日本全体におけるデータサイエンティストの将来性についても解説しています。

データサイエンティストになりたいと考えている学生のみなさんはもちろん、興味を持っている社会人の方、データサイエンティストの採用を考えている企業の担当者の方にも役立つ内容になっています。

これから日本のビジネスを変えていくのはデータサイエンティストです。データサイエンティストにとって数学やプログラミングの知識は必要ですが、必ずしも高度な専門的知識までが必要なわけではありません。大学時代の専攻がなんであってもデータサイエンティストになれる可能性はあるのです。本書が、データサイエンティストを目指すきっかけになればと思います。

２０２１年12月

野村総合研究所　データサイエンスラボ長　塩崎潤一

データサイエンティスト入門　目次

まえがき　3

第1章　いまなぜデータサイエンティストなのか　13

1　データサイエンティストとは　14
最も魅力的な職業　14　資格が追い付いていない　16
「コンサルタント」も曖昧な職種だった　18　データを使ってビジネスを変革できる人　19

2　高まるデータサイエンティストへのニーズ　22

「データは21世紀の石油」 22　AI戦略の遅れを取り戻す 23
データサイエンスが注目された意外な理由 25
ビジネスに活かす「ディープラーニング」と「因果推論」 26
飛躍的に拡大したデータ処理能力 29
3 企業がデータサイエンティストを活用するために 31
求められているのは「バランス型」人材 31　なぜ理想と現実にギャップがあるのか 33
企業側に手本がいない、教えられない 35
4 データサイエンティストが企業を変える 36
数値は言葉よりも雄弁 36　データが牽引するマーケティング戦略 37
データ分析の民主化 40　変革こそがデータサイエンティストの役割 41

第2章 データサイエンティストに求められる3つの能力 45

1 3つの能力――データサイエンティストにできること 46

3つの能力①ビジネス力 48　ビジネス課題を解決する 49
3つの能力②データサイエンス力 50　データから事実を導く手順 51
身につけるべきデータ分析の技術 52　数値以外のデータをどう扱うか 54
3つの能力③データエンジニアリング力 55
システムエンジニアレベルのプログラミングスキルは不要 55
ITエンジニアは転身しやすい 56　技術的・法的にデータを守る 57

2 データ分析ツール 58
パッケージ 58　プログラミング言語とライブラリ 60
クラウド上のデータ分析サービス 62

3 データサイエンティストの実力を証明する試験 63
統計検定 63　情報処理技術者試験 65　その他の試験 66

4 データサイエンティストとしてのキャリア 67
データサイエンティストが活躍する企業とは 69
データサイエンティストも学び続けている 73

第3章 データサイエンティストの仕事

1 ビジネス課題の把握とデータ分析目標の設定 76
「データドリブン」に考える 76　プロジェクト編成の実際 78
データの持ち出しは要注意 80

2 分析対象データの調査と分析環境の準備 82
データが「ある」ことと「使える」ことの違い 82

3 データ分析の仮説構築と計画 84
仮説構築の難しさ 84　データ分析の計画作り 86

4 データ分析の準備 87
データクレンジングに注意が必要な理由 87

5 データ分析の実施 89
ツールが分析を高速化する 89

6 分析結果やモデルの評価 92
分析結果やモデルを出すことだけがゴールではない 92

7　ビジネス適用に向けた活動　94
プロジェクト後のフォロー活動　94
8　新たなビジネスを生み出すためのデータサイエンス業務　96
ＰｏＣは新たな活躍の場　96

第4章　データサイエンティストのリアル　99

1　大企業の論理を超えろ（ビジネス力編①）　101
2　データで新規ビジネスを立ち上げろ（ビジネス力編②）　111
3　新規店舗の売上を予測せよ（データエンジニアリング力編）　118
4　営業のスキルを底上げせよ（データサイエンス力編）　125
5　シミュレーションツールを普及させよ（ＩＴソリューション編）　133
6　データサイエンスで大企業に対抗せよ（中小企業編）　140

第5章 データサイエンティストが拓く未来

1 不足するデータサイエンティスト 148
データサイエンティストの裾野の拡大 148
動き出すデジタル庁とデータサイエンス 150
AIでなくなる仕事とデータサイエンティスト 152
「機械学習」が求める頭脳 155
求められるのは「機械学習」か「統計学」か 158
不足するデータサイエンティスト 159

2 追い風となるデータサイエンス教育の変化 163
教育が間に合っていない理由 163
不足する理系人材 164 「AI戦略2019」で示された教育改革 167
大学生の認知率30% 168

3 データサイエンスとプライバシー 171
求められる「個人情報保護」への対応 171 Cookieをめぐる動向 176

4 データサイエンスがビジネスを変える 179

データでとらえることの重要性　179
マイクロソフトの成功を支えたベイズ・テクノロジー　185
データサイエンスにおける技術の進歩　189
最先端のデータサイエンスを生み出す「Kaggle」　191
期待されるのはIT業界だけではない　193　分析の先にある「対処法」の事例　195
データサイエンスをビジネスで活用するために　198

5　データサイエンティストの将来性　201
現役データサイエンティストが期待する将来性　201
拡大する企業側の受け皿　203　社内育成から中途採用へ　205
手本がない／理解されない／時間がない　206
社外のコンサルタントと社内外のデータサイエンティスト　211
これからのデータサイエンティスト　212

〈ブックガイド〉　216
〈ツールガイド〉　218
索　引　221

第1章

いまなぜ データサイエンティストなのか

1　データサイエンティストとは

最も魅力的な職業

「データサイエンティストは21世紀で最も魅力的な（セクシーな）職業である」――2012年のハーバードビジネスレビュー誌の一文です。それから10年が経過しましたが、データサイエンティストは人々を魅了する職業として確立したのでしょうか。

インターネットの普及などIT技術が進化したことにより、企業が取り扱えるデータの量は格段に増えました。いわゆる**ビッグデータ**時代の到来です。これがデータサイエンティストという仕事に大きく関係しています。

たとえばマーケティング戦略を立案する場合、以前は、消費者がどのようなテレビ番組を見ているかという視聴率を重視して、広告宣伝戦略を考えていました。ところがいまでは、何時何分何秒にどのウェブサイトを開いて、そこでどのような広告を目にして、それをクリックしたのか、あるいは他のページに移動したのか、広告をクリックしたのであればそれは何回目の閲覧だったのか、などのデータも大量に入手できるようになりました。

このように大量のデータが取得できるようになったことに加えて、**AI（人工知能）**などを使ったデータ分析技術が高度化したことや、パソコンやネットワークなどのデータ分析環境が整備されたことなども追い風となり、データを集計・分析できる専門家、つまりデータサイエンティストが必要になってきました。

転職サイトをみても、「データサイエンティスト募集」という表現の案件は多く、かつ、待遇も厚いものになっており、転職市場において売り手市場の職種となっていることは間違いありません。

しかし、データサイエンティストという職種は、まだ確立していないと言えるでしょう。データを集計・分析するだけがデータサイエンティストの仕事ではありません。データ分析業務で他社と差別化したサービスを展開するIT関連企業が台頭したことで、他の企業でも、とりあえずデータ分析ができる人材を募集しています。とはいえ、データサイエンティストの業務範囲、可能性、ビジネスに及ぼすインパクトは、一般に考えられているものよりもはるかに大きなものなのです。データサイエンティストという職種は発展途上にあります。だからこそ21世紀で最も魅力的な職業なのです。

資格が追い付いていない

「データサイエンティストになりたいのですが、どの資格を取得すればよいでしょうか」という質問をよく受けます。現時点では、この問いに対する明確な答えはありません。

データサイエンティストになるためには統計的な知識が必須です。統計的な知識とは、データを整理・分類し、正しく分析できる知識のことです。これは「**統計検定**」（一般社団法人日本統計学会公式認定）が該当します。最新の分析手法などに対する知識という意味では「**G検定**」（一般社団法人日本ディープラーニング協会主催）なども当てはまるでしょう。

これらはデータを分析する際の学術的な側面の知識を測るもので、データの加工・処理などのエンジニアリング的な知識は深く求められません。GoogleやAmazonなどがデータ分析などの認定試験を行っており、データエンジニアという側面では一般的です。具体的な資格としては、Google Professional Data Engineer認定やAWS Certified Data Analytics-Specialty認定などがあります。

しかし、いずれの資格もデータサイエンティストに求められる知識・能力の1つの側面を測るだけのものであり、「データサイエンティストの資格」という点では不十分です。

一般社団法人データサイエンティスト協会（以下、データサイエンティスト協会）では、2021年9月より「**データサイエンティスト検定**」を開始しています。この検定では、データを分析するために必要なサイエンス的な知識、データを加工・処理するために必要なエンジニアリング的な知識に加えて、データをビジネスに活かすための知識も検定の範囲としています。また、「統計検定」の中に「データサイエンス」という試験の種類も加わり、やっとデータサイエンティストに関する資格が整備されてきました。

なぜ、データサイエンティストの資格や検定が整備されるまで時間を要したのでしょうか。理由は簡単で、データサイエンスに関わる業務の範囲が広く、複雑なためです。もともとデータサイエンティストは、弁護士などの資格に基づいた職業ではありませんでした。そのため、各協会・団体において、まずデータサイエンティストの業務範囲を明確にし、どのような知識が必要なのかなどを検討して、資格・検定制度が整備されてきたと言えるでしょう。

このように、確定された資格がないことが、データサイエンティストの業務範囲の広さ、すなわち、データサイエンティストの職種としての可能性を物語っているのではないでしょうか。

「コンサルタント」も曖昧な職種だった

コンサルタントという職種を聞いたことがあると思います。この職種も歴史は長くありません。日本でコンサルティング業務を標榜した企業が有名になり始めたのは１９８０年代から90年代にかけてです。「コンサルタント」という職種が広がり始めたのもこの頃ですが、まだ一般的な職種になっているとは言えませんでした。いまでは、大学生の間でも人気の職種として定着してきました。

以前は、仕事内容を説明することが難しかったコンサルタントという職業も、だんだんと理解が進み、職種の定義ができるようになりました。

現在のデータサイエンティストも同じ状況だと考えています。まだまだ一般的な知名度は高くありません。データサイエンティストとして採用された人も、自称データサイエンティストの人も、自分の仕事内容は説明できても、職種としての定義を説明することは難しいでしょう。

コンサルタントという職種が定着していった歴史を考えると、これからの10年で、データサイエンティストに対する認知が高まり、働いている人が自分で業務範囲などを定義できるようになり、一般の人も含めてデータサイエンティストに同じイメージを持つようになると考えられます。言い換えると、これからの10年間が、データサイエンティストという職種を定義する時期と言えるでしょう。

データを使ってビジネスを変革できる人

現時点で「データサイエンティスト」という職種は、どのように定義すればよいのでしょうか。筆者は「データを使ってビジネスを変革できる人」だと考えています。

ビッグデータの時代とは言われますが、データがあるだけでは意味がありません。ビッグデータを活用して、新しい付加価値を生むことができて初めてビッグデータの時代なのです。そのためには、データを使ってビジネスを変革できるデータサイエンティストが必要となります。

ビッグデータの活用については、正しく理解できていない企業も多くあります。多くの企業が、自社にも大量のデータがあるから、何か新しいことができるだろう、くらいの感覚でとらえています。

この企業側の「抽象的な」ニーズに対して、データサイエンティストは「具体的に」回答を出す必要があります。問題意識が明確であれば、それに答えることが簡単です。企業側の抽象的な問題意識に対して、課題を具体化して、解いていくこともデータサイエンティストには求められます。データを集計・分析する人ではなく、新しいビジネス価値を創出できるデータサイエンティストが求められているのです。

スポーツの分野で興味深い事例があります。アメリカのプロ野球、メジャーリーグベースボール（MLB）では近年**「フライボール革命」**という大きな変革が起こっています。従来、打者は「ボールを転がすべき」とされてきました。その方が内野安打なども含めて打者が出塁できる可能性が高くなり、チームの勝利に貢献できると考えられていたのです。それに対して、打者は「ボールを打ち上げるべき」とする考え方が「フライボール革命」です。

ボールを打ち上げた方が、本塁打になる可能性だけではなく、安打になる可能性も高くなり、総合的にチームに貢献する割合が高まるというデータが示されました。これをうけて、打者のスイングに対する考え方が大きく変わりました。まさしく「革命」が起きたのです。

この革命のポイントは、データをもとに事実が示され、データがあったからこそ古く凝り固まった概念を打破できたことです。しかも、ボールを転がす、打ち上げるといった作戦だけではなく、打球の角度、初速度など、打つ瞬間の画像データを分析することで精緻なデータが取れるようになり、フライボールの価値が伝えられるようになりました。これらの新しいデータをとれるような技術革新があったこともフライボール革命に影響しているでしょう。まさに、ビッグデータが取れるようになったことと、それらのデータを分析し、新しい概念を生み出すデータサイエンティストがいたことで革命を起こすことができました。

企業が求めている「データサイエンティスト」は、このようにデータを使って新しいこと（ビジネス）を創造できる人です。新しいことを創造するためには、データを収集したり、分析する能力だけではなく、そのデータや分析結果をもとに、周りの人を説得する能力も必要になります。それもデータサイエンティストの役割なのです。

2　高まるデータサイエンティストへのニーズ

「データは21世紀の石油」

企業にとってデータが大きな利益を生むようになりました。そのことを「**データは21世紀の石油**」というフレーズで言う人がいます。それぐらいデータには価値があるのです。

原油は、地中に埋まっているままでは価値がありません。採掘、備蓄、精製・加工というプロセスを経てガソリンなどが生み出され、価値が創出されます。データも同様です。ただ集めただけでは価値がないのです。まず、集めたデータを同一形式に統一したり、欠損値を埋めるなど、分析できるように整理します。次に、そのデータをクラウド環境などに保存します。最後に、その環境の中でデータの分析を行い、データの背後にあるルールやアルゴリズムなどを見つけ、意思決定につなげることで価値を創出することができます。

このように価値の源泉となるデータを整理・分析して、価値あるアウトプットを創出する業務を担当するのがデータサイエンティストです。揃ったデータを分析することだけがデータサイエンティストの仕事ではありません。データを整理し、分析環境に載せることも重要な役割です。原油は枯渇のリスクについて話題になることも多いですが、データについては、まだまだ枯渇しそうにありません。むしろ、今後さらに増加していくでしょう。だからこそ、そのデータを扱うデータサイエンティストがさらに重要になるのです。

AI戦略の遅れを取り戻す

データサイエンティストが求められるようになった一番の理由は、取り扱うデータが増えたことです。特にIT技術の進展がビッグデータを生み出し、それらのデータを処理・分析できる人材が求められるようになりました。ビッグデータに加えて「AI技術の進展」も、この流れを後押ししました。たとえば、機械翻訳の進展にはデータサイエンスとAI技術が大きく寄与しています。大量の文章や会話のデータをもとに、単語間の関係・係り結びについて、AI技術を用いて体系的に整理できるようになり、機械翻訳が急速に進んだと言われています。機械翻訳を実装するために多くのデータサイエンティストが活躍しました。

AIに明確な定義はありませんが「大量の知識データに対して、高度な推論を的確に行うことを目指したもの」（一般社団法人人工知能学会）と言われています。データ量は拡大する一方ですから、やみくもにＡＩを活用しても、処理に時間がかかるばかりです。ＡＩ活用のポイントは「高度な推論を的確に行う」ことです。

言い換えると「コンピュータに規則（**アルゴリズム**）を学ばせること」がＡＩを進展させるための重要な要素なのです。このアルゴリズムを見つけるのがデータサイエンティストに求められていることです。

残念ながら日本の企業はＡＩ戦略で遅れていると言われています。Google や Amazon などの海外の先進的なＩＴ企業は、収集するデータで他社と差別化を行い、ＡＩ技術を駆使して高度なサービスを開発・提供することで巨大化しました。

Google では検索精度を向上させたり、Amazon では類似商品のレコメンド機能を充実させるなど、消費者に利便性を提供し、支持されるようになりました。ＡＩ戦略の遅れはデータサイエンスの遅れなのです。特に、日本企業においては、欧米の先進企業に追いつくためにも、ＡＩ戦略で勝たなければなりません。

データサイエンスが注目された意外な理由

2019年に発生し世界的に大流行した新型コロナウイルスですが、ウイルスの流行・拡大や、ワクチン接種の効果を予測する際に、データサイエンスが注目されました。ウイルスの流行を予測するモデルを開発した京都大学の西浦博教授（モデル開発当時は北海道大学所属）はウイルスの感染拡大アルゴリズムを自身で開発して、流行を収束させるためには、人との接触を8割減らす行動制限が必要だという主張をしました。この主張にインパクトがあったため「8割おじさん」として有名になりました。

西浦モデルの詳細については説明を割愛しますが、現在の感染者数をもとに、その感染者が他の人にウイルスを感染させていくということをモデル化したもので、現在の状態から、1期後の状態を計算するという「微分方程式」をベースにしたモデルです。微分方程式と聞くと難しい印象がありますが、今期と翌期の変化の割合（微分）を方程式としてモデル化したもので、考え方としては難しくありません。

このモデルの正当性・妥当性については、あまり議論されることはないと思います。また、関係者の全員がこのモデルを理解している必要もないでしょう。予測モデルの確からしさも重要ですが、データを使って科学的に政策決定をしたり、国民のコンセンサスを得ようとする意識が高まりました。この点に大きな意味があります。

従来ならば経験などに基づいて判断していたところを、新型ウイルスという未知の分野の影響を推測するために、データサイエンスを活用しようという考え方が浸透しました。新型コロナウイルスは、日本国民に対してデータサイエンスの重要性を気づかせるきっかけになったと言えます。

ビジネスに活かす「ディープラーニング」と「因果推論」

ウイルス感染者数の予測モデルにおいて、微分方程式の考え方を応用することは、以前から使われているアルゴリズムです。近年は、この考え方をマーケティングに応用している例も多く見られます。ウイルスの感染拡大のアルゴリズムを、流行や噂が伝播するアルゴリズムとして活用するものです。たとえば、自社商品を流行させるために、どのインフルエンサーに訴求すべきか、どの程度の情報を伝達すべきかなどを、このアルゴリズムを参考に分析しています。

データ量が拡大していくとともに、そのデータをビジネスに活用するための理論も充実してきました。これがデータサイエンティストに対するニーズを高めています。

ビジネスにつながるデータサイエンスの理論の代表例は「**ディープラーニング（深層学習）**」です。ディープラーニングとは、人間の神経細胞（ニューロン）の仕組みを模したモデルでデータ分析を行うものです。データに含まれる特徴を段階的により深く学習することができ、データの背後にあるアルゴリズムを適切にモデル化できるようになりました。この理論は、画像や言語処理などの分野で応用されています。実際のビジネスとしては、機械翻訳や自動運転などの分野で活用されています。

また「**因果推論**」という理論もビジネスに活用されるようになりました。因果推論とは、入力データ（インプット）と出力データ（アウトプット）から、その因果関係（原因とそれによって生じる結果との関係）を推定していく考え方です。因果推論を用いた政策効果の測定がノーベル経済学賞を受賞したこともあり、近年注目されている理論です。

統計学では複数のデータの「相関関係」を分析する手法が中心でした。検定や回帰などの手法は、データの関係がどれぐらい強いのかを表す分析手法です。しかし、これらの手法では、「相関」があることはわかりますが、「因果」がわかりません。そのため、因果関係を推計する「因果推論」が注目されるようになりました。

因果推論のビジネス応用の例としては、マーケティング分野への応用があります。広告に接触することで商品（たとえばエアコンやアイスなど）の購入率が上がったとしましょう。この場合でも、商品を購入したという「結果」を、広告に接触したという「原因」だけで、すべて説明することはできません。広告に接触したことよりも、店頭で安売りしていたことが影響したかもしれません。因果推論では、実際に広告に接触した人が「もし、接触しなかったら」どうなっていたのかを分析することで、因果関係を推計します。

このように他分野におけるデータサイエンスの理論や、純粋数学の分野における研究成果がビジネスの分野にも活用されるようになりました。また、これらの理論を応用するためのデータ分析ツールも整備されてきました。誰もがデータサイエンティストとして、既存の理論をビジネスに活用できるようになりつつあるのです。

データサイエンスが、ビジネスにつながる、すなわち、企業の収益に直結するようになったことで、データサイエンティストへの注目が高まりました。

飛躍的に拡大したデータ処理能力

データサイエンスが注目されるようになったもう1つの背景が「**データ処理能力**」の向上です。以前は大型コンピュータでも処理できなかったような計算が、誰もが自宅のパソコンでできるようになりました。コンピュータにおけるデータ処理能力が飛躍的に拡大したこともデータサイエンティストに対するニーズを拡大させています。

将棋の藤井聡太四冠（竜王・王位・叡王・棋聖、2021年11月時点）の活躍により「将棋におけるAI分析」が話題になりました。AIを活用した将棋ソフトが、現在の盤面から有利・不利を判定したり、勝つ確率を推計するのです。最も勝つ確率を高める「次の一手」を推奨する機能もあります。2016年に囲碁の世界においてAIが天才棋士を破って話題になりましたが、将棋の世界においては、AIが人に勝つことは難しいと言われてきました。現在は、プロ棋士レベルの「次の一手」を予測できるようになりました。

この背景にあるのが、データ処理能力の向上です。将棋の場合は、相手の駒をとって、それをもう一度使うことができるため、次の手の組み合わせが無数にあります。極端に言えば、その局面から、終局までのすべての組み合わせを瞬時にシミュレーションできれば、勝つ確率を推計することができるでしょう。勝つ確率を一番高める「次の一手」を推奨することもできます。しかし、将棋の場合は、その組み合わせの量が多すぎて、計算ができなかったのです。それが、コンピュータの能力が向上したことで、ある程度の計算ができるようになりました。藤井聡太四冠が保有しているパソコンは非常に高スペックのものだそうです。データ処理能力の向上が将棋界に大きな変革をもたらしています。

アルゴリズムを考えることが重要であると前述しましたが、データ処理能力も、AIのためには非常に重要な要素です。アルゴリズムを考えるという側面だけではなく、コンピュータを使ってデータ処理を行うという側面からも、データサイエンティストが求められています。

3　企業がデータサイエンティストを活用するために

求められているのは「バランス型」人材

データサイエンティストに対する注目度は高まっていますが、企業側で十分に活用できているのかは別問題です。「データサイエンティストがいれば、社内にあるデータを使って、なにか新しいビジネスを考えてくれるだろう」という安易な発想でデータサイエンティストを採用しても機能しません。

企業においてデータサイエンスを担当する部署が新設されるようになりました。しかし、それらの組織が機能していないという話をよく聞きます。その失敗の要因として、「データサイエンスの専門家」だけを集めてしまうことがあります。統計学やＡＩなどのデータを分析することに長けた担当者だけを集めて組織を創設してしまうパターンです。データサイエンティストには、統計学などの専門性を持った「データサイエンス力」だけではなく、データを活用して新しいビジネスを考える「ビジネス力」も重要になります。こういった能力については第2章で説明します。

企業側には、データサイエンティストに依頼する業務を明確にすることが求められます。データサイエンティスト側には、企業のニーズをくみ取って、データを活用した課題を設定するビジネス力が求められることになります。

データサイエンス力とビジネス力の両方を持ったデータサイエンティストが理想ですが、実際には稀有な人材です。2つの力を高いレベルで持つことが難しい場合には、片方の能力だけを持った人よりもバランス良く2つの能力を持っている人の方がデータサイエンティストには向いているでしょう。データを分析する能力だけを持った人材はデータサイエンティストとは呼べません。

データサイエンスの新しい組織を作る際に、データサイエンス力を持った人材と、ビジネス力を持った人材を配置することで、組織全体で、両方の能力を持てばよいという考え方もあります。しかし、このパターンはうまくいかないことが多いです。データサイエンス型の人材とビジネス型の人材では志向が異なり、使っている言語も異なります。数学の先生と国語の先生が同じ問題を解くようなものです。特定分野で100点満点の能力を持ち、他の分野は0点の人を2人集める場合と、各分野で50点ずつの能力を持つ人を集める場合とでは、組織としての合計点は同じです。しかし、創出できる付加価値としては、バランス型の人材を集めた後者の方がうまくいくようです。特に、データサイエンスという分野においては、求められる能力の専門性が高いため、バランス型人材による組織構成の方が機能します。

なぜ理想と現実にギャップがあるのか

データサイエンティスト協会が実施したアンケート調査をみると「現在の業務に満足している」データサイエンティストは42%となっています。現役のデータサイエンティストの満足度は高くないというのが現状です。

現在の業務内容などとの関係をみると、実際にデータを使ってビジネスを変えるような業務ではなく、単純なデータ処理などに従事している人の割合も多く、満足度の低さの要因になっています。注目の職種になりつつあるもののイメージと実務内容ではギャップがあることも事実です。すべての職種で言えることですが、華やかな面だけではなく、裏方の仕事も多いのです。データサイエンティストについても、これらの点まで含めて業務内容が理解されることが重要になってきます。

データサイエンスを活用する業務内容についてもデータサイエンティストと企業の間でギャップが生じることもあります。たとえば、マーケティング関連のデータサイエンスを担当する目的で採用されたものの、工場ラインの最適化を担当することになったデータサイエンティストもいます。企業としては、短期的に成果を出しやすい、コスト削減のためのデータサイエンス業務を担当してもらうという考え方です。データを取り扱ってビジネスに貢献するという点では同じですが、こういった採用時の説明と配属先の業務内容が異なるパターンは、分析するデータの種類も異なり、データサイエンティストの満足度を下げる要因にもなっています。

一口にデータサイエンスといっても、取り扱うデータで業務内容は大きく異なります。今後は、企業側の期待とデータサイエンティストの認識を合わせることも重要になってくるでしょう。

企業側に手本がいない、教えられない

企業にとっての最大の課題は、データサイエンティストを育成する土壌がないことです。データサイエンティスト自体が新しい職種であり、マネジメント層で経験したことがある人が少なく「教える」「背中をみせる」といったことなどができていません。データサイエンティスト協会が実施したアンケート調査をみると「社内で手本となるデータサイエンティストがいない」という不満を持つ人が多くなっています。「育成プログラムがない」ことに対して不満を持つ人も多いですが、ロールモデルとなるデータサイエンティストがいないことが最大の課題です。

企業としては、研修制度や育成プログラムを整備するとともに、各企業が求めているデータサイエンティスト像を明確にし、周知することが必要になります。企業がデータサイエンティストを通じて何をやりたいのかを明確にすることと同じです。データサイエンティストが自身の能力を高めることも重要ですが、受け入れる企業側も成長することが求められます。

4　データサイエンティストが企業を変える

数値は言葉よりも雄弁

企業を変革するためには「共通言語」が必要です。変革を起こすためには、企業に所属している社員が同じ目標を持って行動しなければなりません。かつては、経営者の印象的な言葉や、ビジョンを言語化・体系化したものなどで、目標を共有化してきました。それが企業変革の原動力となっていました。

アメリカの大手スポーツシューズメーカーであるニューバランスは、彼らの差別化要素であるモノづくりにおいて「Numbers Speak Louder than Words.」という考え方を持っています。「数値は言葉よりも雄弁だ」という意味です。

ニューバランスのスニーカーには、574や996などの番号がついています。個々のモデルに番号がつくことによって、製品を改善しようという意識が生まれるそうです。現在のレベルを数値で表現することで、モノづくりに携わる全員の間で改善・進化しようという意識が生まれるのです。また、数値は世界共通の言語だとも言っています。全世界で共通の概念でモノづくりを進めるためにも、数値は共通の言語となるのです。

このように、数値（データ）は「共通言語」として使うことができます。企業の変革を推進する際に、最新のフレームワークを使って問題を構造化するよりも、事実を表す1つのデータを使う方が、はるかに問題を共有しやすいでしょう。「データ」の持つ不思議な力は、職種間の壁を越えて、全世界共通で、一緒に語り合い、同じ目線で課題解決に取り組むきっかけになるはずです。データサイエンスには、それだけの力があるのです。

データが牽引するマーケティング戦略

マーケティング戦略の歴史はデータ取得の歴史です。

かつてのマスマーケティングの時代は、消費者のデータが取れなかったため、より多くの人に、情報を届け、購入してもらうことを重視した時代でした。結果として、より多くの人の満足度を高めることが戦略上のポイントでした。**CS**（Customer Satisfaction）の時代です。

図表 1-1　マーケティング戦略の変遷

	CS (Customer Satisfaction)	CRM (Customer Relationship Management)	CX (Customer Experience)
時代背景	1980年～ マスマーケティングの時代	2000年～ IT技術の発展による接点の多様化	2010年～ モバイルによる接点の複雑化
顧客の捉え方	最終的な顧客の「満足度」を重視	顧客の「行動」を把握してフェーズを進ませるマネジメント	顧客の行動に加え「感情」も考慮したマネジメント
マーケティング戦略の考え方	すべての顧客接点で満足を高める	企業との接点別に顧客の行動を高める	顧客起点の全接点を考慮し感情を高める
戦略のポイント	1：Many	1：1（確率論で最適化）	1：You（プロファイリング）

［出所］ 野村総合研究所資料をもとに筆者作成

２０００年頃になると、**ＣＲＭ**（Ｃｕｓｔｏｍｅｒ Relationship Management）の時代がやってきます。ＩＴ技術の進展により、個々の消費者のデータが取れるようになりました。ＰＯＳデータ（小売店などのレジで商品が販売されたときに残るデータ）などから、顧客属性（性別、年代）などの情報や、購買履歴の情報が取れるようになったのです。それらの情報をもとに、50代・男性であればこのような商品が好きなはずだとか、牛乳を買った人はパンを買う可能性が高いなどの傾向が把握できるようになりました。企業は、消費者に対して、興味がありそうな情報（興味を持つ確率が高い情報）を提供することが戦略上のポイントでした。

近年は、マーケティング戦略では**ＣＸ**（Customer Experience）戦略が注目をあびています。ＣＲＭの時代と比べて、さらに深い消費者のデータが取得できるようになったことをうけて、消費者とのコミュニケーションのあり方を設計していこうという考え方です。具体的には、ＣＲＭの時代では、消費者の購買履歴しかわからなかったものが、その背景までわかるようになりました。たとえば、ウェブサイトの閲覧履歴などのデータも取得できるようになったため、その人の志向を分析できるのです。同じカテゴリの商品を買う際にも、高級ブランド志向なのか、価格重視なのかなどを推測できます。顧客の感情も考慮して、顧客接点をマネジメントすることがＣＸ戦略のポイントです。

ＣＲＭの時は、消費者に対して、確率論的に最適化された情報を提供することがポイントでした。ＣＸの時代では、さらに、顧客の特徴を分析し、顧客をプロファイリングしながら、好みの情報を提供することがポイントです。言い換えると、プロファイリングするために必要なデータを取得できるようになったことがCX戦略ブームを起こしたと言えます。

取得できるデータの質・量が変化するたびに、マーケティング戦略のトレンドは変化してきました。データサイエンスがマーケティング戦略を牽引しているのです。

データ分析の民主化

近年、海外では「**データ分析の民主化**」や「**市民データサイエンティスト**」という言葉が使われるようになっています。

データサイエンスは一部の専門家によるものではなく、普通のビジネスパーソンも実施できるようになったことをさす言葉です。背景には、非専門家でもデータサイエンスに取り組めるツールが整備されたことや、パソコンのデータ処理能力の向上などが考えられます。誰もがデータサイエンティストになれる時代になったのです。

また、データサイエンスは特別なものではないという考え方が浸透してきたことも表しています。高度な専門性を持つデータサイエンティストがいなくても、データを用いて会社の意思決定を行っていくべきという考え方の表れです。日本の場合は、現時点では、ここまでデータサイエンスに対して強い意識を持っている企業は多くありません。しかし、数年後には、海外企業で起こっているように市民データサイエンティストのブームがやってくると考えられます。

データサイエンティスト協会が実施したアンケート調査をみると「データサイエンティストという仕事に将来性を感じている」割合は81%となっています。日本の現役データサイエンティストの多くは将来性を感じているのです。同様のアンケートにおけるデータサイエンティストの仕事の満足度は42%でした。現状の業務には満足していないが、将来性は感じているのがデータサイエンティストの現状だと思います。

データサイエンティストは日本企業にとっても必須の職種となりつつあるのです。

変革こそがデータサイエンティストの役割

企業を変革するには2つの方法があります。「**課題解決型**」と「**ビジョン実現型**」です。

「課題解決型」は経営コンサルタントが得意とする企業の変革方法です。企業の問題点を洗い出して、問題を構造化し、影響の大きな課題から潰していこうというやり方です。課題は必ずしもマイナスのものだけではありません。一般的な企業と比べてできていないことを解決するだけではなく、さらに良くするための課題解決もあります。たとえば、現状では会社経営上に特に問題はないが、先進企業と比べて劣る点があれば、それを解決していくということもあります。

「ビジョン実現型」の企業変革は、経営者がビジョンを描き、そのために何をすべきかを考えて実行していく変革方法です。ビジョンの実現可能性は問いません。「課題解決型」の改革が理想とのギャップを埋めていくやり方であるのに対し、「ビジョン実現型」は、ビジョンの実現に向けてゼロから積み上げていくというやり方です。

データサイエンティストは、どちらのタイプの変革を得意としているのでしょうか。課題を数値化するという点では「課題解決型」の方が得意なように見えます。ただし、これはデータサイエンティストに限ったことではありません。課題を抽出して、一つひとつ解決する方がやりやすく、また、結果も出やすいのです。そのため、企業変革というと、「課題解決型」で進めて、満足してしまうことが多いのです。

しかし、この方法では、まったく新しいビジネスを創造するなどの変革には対応できません。ＩＴ関連の事業において日本企業が遅れているのは「ビジョン実現型」の変革が不得意なためです。経営者がビジョンを描くことができても、それを実現するために変革を起こす担い手が不足しているのです。

いま、日本企業に求められているのは「ビジョン実現型」の企業変革の担い手です。データサイエンティストには、その資質があります。ビジョンという見えないものをデータで表現する能力、ビジョン達成というゴールへの進捗度合いをデータで計測する能力、データから新しい課題やルールを発見する能力など、データがあるからこそ発揮できる能力です。データがなく、言葉やフレームワークだけで考えていても、ビジョンはビジョンで終わってしまい、いつまでたっても実現しません。データを使って、ビジョンの実現策を創造できるのがデータサイエンティストです。

これからのあるべき企業変革のためにはデータサイエンティストは欠かせない存在となるでしょう。新しい変革こそがデータサイエンティストの役割なのです。

第2章

データサイエンティストに求められる3つの能力

1　3つの能力――データサイエンティストにできること

データサイエンティストには、どのような能力が求められるのでしょうか。データサイエンティスト協会は「データサイエンティストにできること（＝スキル）」を定義し、スキルチェックリストとしてまとめ、普及・啓蒙活動を行っています。

スキルを定義するに至った背景には、次のような問題意識がありました。

- 名前だけがひとり歩きし、本質が十分に理解されていない（または誤解されている）
- 求められるスキルの幅の広さやレベルの高さが十分に理解されていない
- 育成するための体系的な指標がない

これらを踏まえ、また、世の中からのデータサイエンティストへの期待と実際の能力とのミスマッチを解消するため、データサイエンティストとして欠かすことができない、3つの能力（スキルセット）が定義されました。

- **ビジネス力：**
  課題背景を理解し、ビジネス課題を整理・解決に導く力
- **データサイエンス力：**
  情報処理・人工知能・統計学などの情報科学系の知恵を理解し使う力
- **データエンジニアリング力：**
  データサイエンスを意味のある形として扱えるようにして、実装・運用する力

（データサイエンティスト協会による定義）

それでは、これらの3つの能力と、それらを構成するスキルについて、データサイエンティスト協会のスキル定義に従って解説します。

3つの能力①ビジネス力

データサイエンティストは理系出身で、ごく一部の限られた専門性のある人がなるもの、ビジネスとは距離があるもの、というイメージがあるかもしれません。ですが、文系出身でも目覚ましい活躍をするデータサイエンティストは数多くいます。

文系・理系にかかわらず、コアとされるのはこのビジネス力であり、データサイエンティストの能力として最初にビジネス力が挙げられることには、大きな意味があります。ここでいうビジネスとは、商品やサービスを顧客に提供して利潤を得ることだけでなく、国や自治体などが提供する公共事業を含んだ、世の中を便利で豊かにしようとする営みのすべてを指します。それらの中には必ず何かしらの解決すべき課題が存在します。その課題を、データを使って解決に導くための能力がビジネス力です。

ビジネス力には基礎能力として、資料を論理立ててまとめ、説明できるような「**論理的思考**」や、法令やビジネス上の倫理などを適切に理解している「**行動規範**」が求められます。また、データサイエンス関連のプロジェクトやチームの一員として役割を遂行し、相応しい立ち居振る舞いをするための「**活動マネジメント**」や、請け負った業務に伴う「**契約・権利**

保護」、業務の成果を実際のビジネスに組み込む「**事業への実装**」の力も求められます。

こうして見ると、ビジネスパーソンとしての基礎能力そのもののようにも見えますが、それと明らかに違うのは、データサイエンティストとしてのすべての判断や行動は、客観的な事実としてのデータに基づいた「**データドリブン**」なものであることです。言い換えれば、ビジネスにおける論理とデータの重要性を認識して行動できる力です。

ビジネス課題を解決する

これらの基礎能力を土台として、データによってビジネス課題を解決するための力がいくつかあります。世の中やビジネスの状況を俯瞰し、データを活用した新たな事業や課題解決の方法を構想するような「**着想・デザイン**」、データサイエンスを駆使して解決すべき課題かどうかを判断するような「**課題の定義**」、データの分析結果をもとに起きている事象の背景や意味合いを見抜くといった「**ビジネス観点のデータ理解**」、データの分析結果をもとに必要なアクション・改革案を整理して結論を導くといった「**分析評価**」です。

これらの力は、続いて説明するデータサイエンス力とデータエンジニアリング力が求められる業務を、自ら担当したり、メンバーと連携したりすることにより、徐々に培われていきます。

3つの能力②データサイエンス力

すでに触れた通り、データサイエンティストに求められるのは情報処理・人工知能・統計学などの情報科学系の知識であり、とりわけ統計学は、これから詳しく見ていくデータサイエンス力という能力の根幹となります。とはいえ、大学の専門課程や大学院で学ぶレベルの高度な統計学や数学を身につけないとデータサイエンティストになれないのかというと、そうではありません。高校で文系か理系かが分かれる前の「**基礎数学**」程度の素養があれば、ビジネスにおけるデータ分析の多くが可能なのです。

ビジネスにおけるデータ分析の初期段階では、得られたデータの偏りやバラつきを把握するために、平均値や中央値を求めて比較します。中央値とはデータを値の小さい方から順番に並べたときの、ちょうど真ん中の値です。これは高校の数学で習うΣ（シグマ）を使った数列の応用です。

また、データとデータを比較して傾向を表す際には、一次関数（y＝ax＋b）が使われます。たとえば、ある商品の売上（y）を伸ばすために広告を出しているが、広告費を増やすこと（x）でどれくらいの売上の伸び率（a）が期待できるかを表します（＋bは広告を出さなくても得られる売上）。

もちろん、理系の大学に進学するために必要な線形代数や微分、大学レベルの統計学の知識があれば、分析可能な範囲が増えるのは言うまでもありません。ですが、まずはデータ分析の現場で最低限必要な基礎を押さえ、徐々に分析できる守備範囲を広げていけばよいのです。

データから事実を導く手順

ビジネスの現場では、データがすぐに分析をはじめられる状態に揃っていることは、ほとんどありません。そこで必要なデータや分析手法などを適切に選択し、作業手順に落とし込める「**分析プロセス**」を設定する必要があります。

また、データから事実を正しく導くために、「**データの理解・検証**」「**意味合いの抽出・洞**

察」が必要です。「データの理解・検証」とは、適切な集計の切り口や比較対象の設定ができることです。また、「意味合いの抽出・洞察」とは、各種データ分析手法の結果を解釈し、意味合いを適切に表現・説明できるとともに、分析結果が当初の目的を満たしていない場合に、問題を正しく理解し、目的達成に向けて必要な分析手順を追加・変更できることです。

これらがデータサイエンス力を構成する柱であり、後述するデータ分析の技術や非構造化データの取り扱いを業務で担当し、経験を積み上げることで磨かれていきます。

身につけるべきデータ分析の技術

実際にデータ分析を行うために、身につけておくべき主なスキルを紹介します。

まずは世の中に存在する分析可能な全データ（母集団）の中から、データ分析を成り立たせるために必要なサンプル（標本）を抽出する方法の選択や、実際に抽出するための計画を立てる「**サンプリング**」です。加えて、データの状態などをふまえてデータをカテゴライズしたり、グラフ化のためにデータの間隔を調整したりする「**データ加工**」、データの対応の有無を考慮した上で適切な検定手法を選択・適用できる「**検定／判断**」も必要です。これらはデータ分析を成り立たせるための探索的なスキルです。

次に、階層になったデータの見方を理解し適切に解釈できる「**グルーピング**」や、複数の要素から構成される表などを駆使してデータから洞察を得ることができる「**性質・関係性の把握**」、ある商品が売れると別の商品も売れるといったデータ同士の関係性を評価できる「**パターン発見**」などがあります。これらは、じっくりと腰をすえてデータを検分し、データを説明可能な状態に掌握するための静的なスキルです。

最後は、得られたデータから何かしらの特徴を理解し、実際に適用できる「**予測**」を行うことです。また、与えられた数値によってどのようにデータが変化するかを予測し、実際に計測された数値と融合して効果を最大化する「**シミュレーション／データ同化**」。ビジネス課題にあわせて解決にむけたモデルをつくる「**最適化**」などです。これらはデータ分析の結果を実社会で活用するための動的なスキルです。

数値以外のデータをどう扱うか

データサイエンティストが扱うデータの種類は数値化・カテゴリ化されたデータだけとは限りません。電子メールやSNSに書かれた内容そのままのテキストデータ、コールセンターに電話した内容が録音された音声データ、インターネット上に掲載された画像や動画のデータなど、行と列で整理して表などに規則的にまとめられていないこのようなデータは、**非構造化データ**と呼ばれます。

そして、テキスト（自然言語）、音声、画像、動画のそれぞれに特化したデータサイエンティストがいます。彼らは前述したデータ分析の技術に加えて、それぞれの非構造化データの分析に必要とされるスキルを身につけています。テキストデータを専門とするデータサイエンティストであれば、新聞記事などのテキスト文を最小単位（形態素）に分割し、名詞や動詞、助詞といった品詞の種類や活用形などを割り出す形態素解析を理解し、活用できなくてはなりません。

なお、マーケティングや経営分析などを担当し、非構造化データと触れることが少ないデータサイエンティストでも、ＩｏＴ（モノのインターネット）化などで非構造化データが箇単かつ大量に取得できるようになりました。そのため、非構造化データとの接点は今後も増える一方です。非構造化データがデータとしてどのような特性を持ち、どのように分析可能な状態に変換されるのかといったことを、すべてのデータサイエンティストが知る必要があり、無関係ではいられなくなっています。

3つの能力③データエンジニアリング力

データサイエンティストがデータ分析を行う際、コンピュータ上のデータ分析ツールを使うのが一般的です（データ分析ツールについては後述します）。データエンジニアリング力のエンジニアリングとは、データ分析をするためのコンピュータの操作を意味します。つまり、コンピュータ上でデータやデータ分析ツールが扱える能力です。

システムエンジニアレベルのプログラミングスキルは不要

プログラミングと聞くと、コンピュータ上の業務システムやゲームなどを新たに作るための高度なものを想像するかもしれません。とはいえ、データサイエンティストが使うデータ分析ツール上でのプログラミングは、それらと比べてかなり簡便化されています。一般的なプログラマーやシステムエンジニアが身につけなくてはならないレベルのプログラミングのコード（命令文）や文法といった知識やスキルは、よほど専門的で高度な分析を行わない限り必要とされません。

ですが、コンピュータ上の**データベース管理システム**（例：Oracle）から必要なデータを抽出・加工するための**データ操作言語**（例：SQL）や、データのやり取りをするために標準化された**マークアップ言語**（例：XML）など、データ分析と間接的に関わるコンピュータ言語の知識や操作技術は必要です。それがデータサイエンティストに求められる「プログラミング」です。

ITエンジニアは転身しやすい

データサイエンス業務を行うためには、社内のサーバやクラウドといったインターネットのサービス上に、分析に必要なデータを収集・蓄積するデータベースを用意することや、データ操作言語を使って分析が可能な状態にデータを加工すること、分析結果などを関係者間で共有できるような環境をコンピュータ上に実装する技術が必要です。

これらはITエンジニアと呼ばれる人たちに求められる技術と大部分が重複してきています。データサイエンティスト協会と、情報処理技術者のための国家試験を運営する独立行政法人情報処理推進機構（IPA）とが、「データサイエンティストのためのスキルチェックリスト／タスクリスト概説」を共同で出しているのはそのためです。ITエンジニアはデータサイエンティストに転身（または兼務）しやすい職種だと言えます。

技術的・法的にデータを守る

コンピュータ上に実装されたデータを、コンピュータウイルスや不正取得といった脅威から守ることや、個人情報保護法といった法令や顧客との契約を守ることがデータサイエンティストには求められます。

コンピュータ上のことはITエンジニアなどの専門家に任せるのも一手ですが、データサイエンティストとしても、コンピュータ上のデータをIT技術で、または法的に守ることを現実的に可能とするための知見が必要です。

2　データ分析ツール

データサイエンティストが使う分析ツールには、どのようなものがあるのでしょうか。野村総合研究所はコンピュータ上での分析ツールを次の3つに分類しています。

- **パッケージ：**パッケージ（ソフトウエア）をインストールするだけで動作するもの
- **プログラミング言語とライブラリ：**プログラミング言語、あるいはライブラリ（プログラムをひとまとめにしたファイル）として組み込んで使うもの
- **サービス：**クラウド上でサービスとして利用できるもの

パッケージ

データ分析ツールの代表的なパッケージはMicrosoft のExcel、SPSS、SAS、DataRobotです。

図表 2-1　主なデータ分析ツール

パッケージ	□ Microsoft Excel □ SPSS □ SAS □ DataRobot
プログラミング言語とライブラリ	□ R □ Python
サービス	□ Google Colaboratory □ Amazon SageMaker

［出所］ 有賀友紀、大橋俊介『R と Python で学ぶ［実践的］データサイエンス & 機械学習【増補改訂版】』（技術評論社）をもとに著者作成

Excel はパソコンの表計算のアプリケーションとして有名ですが、「分析ツール」「ソルバー」というアドイン（追加プログラム）を追加することで、データ分析ツールになります。たとえば、ある商品の過去の売上実績をもとに、将来の売上シミュレーションをする、といった高度な分析が可能となります。

SPSS、SAS は長らくデータ分析の現場で広く利用されてきており、学生向けの安価なアカデミック版も普及していることから、大学の研究で使っていた経験者が企業に就職してからも使い続けるという流れができています。これらのパッケージは高度な分析ができるだけでなく、グラフィカルな操作画面で分析の手順や条件を素早く設定できるなど、データ分析の実務者にとって便利な機能を備えています。

DataRobotは、これらの便利な機能に加え、世界的なデータ分析コンペティション（競技会）であるKaggle《カグル》の優勝者など、トップデータサイエンティストが生み出した最新かつ優れたデータ分析モデルが多数活用できます。近年はアカデミック版も発売され学生への普及を推進しています。

プログラミング言語とライブラリ

データ分析用のプログラミング言語のデファクトスタンダード（事実上の業界標準）となっているのは、RとPythonです。

この2つは、前に紹介したパッケージとは異なり、分析などの手順をコードで書く必要があります。そのためプログラミングの未経験者には少しハードルが高いのですが、これらは無償で利用できる（オープンソース）ため、便利なツールや教育コンテンツがインターネット上に数多くあり、利用が急拡大しています。また、家庭で使う程度のパソコンのスペックでも、RとPythonでプログラミングした結果を処理する実行環境（RはRStudio、PythonはJupyter Notebook）をインストールして作動させられる手軽さがあり、これも裾野の拡大に寄与しています。

これまで、統計の公式やモデルで検証しながら分析するならR、大量のデータを多様な切り口で機械的に一気に分析するならPythonという使い分けが一般的でした。

しかし、Rでしかできなかったベクトルや行列の計算、表形式のデータを扱うためのライブラリがPythonに充実してきたことや、コードがより簡単であることなどから、データ分析をPythonのみで行うデータサイエンティストが増えてきました。

統計的な分析に関してはRに一日の長がありますが、基本的なデータ分析に関して両者に差はほとんどありません。統計学で裏打ちされた公式を駆使してデータ分析のロジックやプロセスをきちんと説明したいという志向の人はR、大量のデータを素早く様々な切り口で分析して結果を得たいという志向の人はPythonからはじめてみるとよいでしょう。

いずれを選ぶにせよ、一般的なプログラミング言語のコードや文法と比べれば非常に簡単であり、未経験者でも1行ずつコードを追っていけば、プログラムの意味を理解することができるものです。

クラウド上のデータ分析サービス

Google、Amazon などの大手クラウドサービス提供会社は、オンラインで利用できるデータ分析サービスを提供しています。パッケージなどのソフトウエアをパソコンにインストールせず、メールアドレスと氏名などのわずかな個人属性情報を入力して申し込めば、サービスを利用できるアカウントがすぐに発行されます。本格的に業務で使わない限りは、無償で試せるものがほとんどです。

中でもGoogle が提供する Colaboratory は、Python の実行環境があらかじめ用意されているだけでなく、常に最新のライブラリが適用された状態になっています。

クラウド上のデータ分析サービスは日々バージョンアップされており、特長や機能はバラエティに富んでいるので、常にそういった情報をキャッチアップする必要があります。

3　データサイエンティストの実力を証明する試験

データサイエンティストには、医師国家試験や司法試験などのように、試験に合格すれば公的に認められ、業務する資格が得られる、といったものはありません。一方で、ビジネスにおいてデータサイエンス力とデータエンジニアリング力を発揮する素養があることを示せる試験はいくつかあります。

統計検定

データサイエンス力における統計の知識と能力を示せる試験が、一般財団法人統計質保証推進協会が主催する**統計検定**です。この試験はレベルに応じて1級から4級に分かれています。

特に2級に必要とされるレベルは「大学基礎課程（1・2年次学部共通）で習得すべきこと」とされており、データサイエンス力で定められた「基礎数学」のレベルとも合っていま

す。そのためデータサイエンティストを目指す人の登竜門的な試験として認知されていま
す。その試験内容は、

①現状についての問題の発見、その解決のためのデータの収集
②仮説の構築と検証を行える統計力
③新知見獲得の契機を見出すという統計的問題解決力

と、データ分析の実務に即した内容となっています。

なお、統計検定では従来の1級から4級とは別に、データサイエンス基礎・発展・エキスパートという3つの試験が追加されました。これは2級までに必要とされる統計の知識やスキルに加え、Microsoft の Excel を用いてデータを加工し、グラフなどで可視化することで、データを読み解く内容となっています。

これらの試験はデータサイエンティストを目指す人の新たなスタンダードとなる可能性があります。

情報処理技術者試験

データエンジニアリング力においてＩＴ能力を示せる試験が、独立行政法人情報処理推進機構（ＩＰＡ）が運営する**情報処理技術者試験**です。

この試験は、業務でＩＴを利活用する基礎知識を習得していることを証明する**ＩＴパスポート試験**や、ＩＴエンジニアとして上位者の指導のもとにシステムの設計・開発・運用といった業務を担当する能力を測る**基本情報技術者試験**、より高度な専門家としての能力を測る**ネットワークスペシャリスト試験**や**プロジェクトマネージャ試験**など、複数から構成されています。

中でも基本情報技術者試験は、システムの開発と運用、ネットワーク、データベース、セキュリティというＩＴの業務範囲をバランス良くカバーしています。試験は選択式でプログラミング言語を読み解く問題もあります。そのプログラミング言語には前述のPythonが含まれており（C言語、Java、Python、アセンブラ言語、表計算ソフトの中からひとつを選択）、最もデータサイエンティストに要求される能力との親和性が高い内容になっています。

その他の試験

統計検定2級、基本情報技術者試験以外の試験には、前に紹介したパッケージ、プログラミング言語、サービスを使いこなす能力に特化したものや、データサイエンスを応用し発展させた人工知能とその関連技術に範囲を限定したものなどがあります。

駆け出しのデータサイエンティストは、統計検定2級と基本情報技術者試験で要求される能力でベースを整えてから、実際の業務で必要とされた発展的な分野の試験で力試しをするとよいでしょう。

4　データサイエンティストとしてのキャリア

データサイエンティスト協会は、データサイエンティストに求められる**スキルレベル**を上から順に①**業界を代表するレベル**、②**棟梁レベル**、③**独り立ちレベル**、④**見習いレベル**の4段階に定義して、その人物像を解説しています。(図表2－2、2－3)

加えて、それぞれのスキルレベルに達しているかどうかの判定基準と、判定するための**スキルチェックリスト**も用意しています。(図表2－4)

データサイエンティストに求められるスキルの定義は、たった一人ですべてのスキルをこなすことを想定していません。

組織やプロジェクトに所属するデータサイエンティスト一人ひとりに、どのスキルに強み・弱みがあり、チームとしてデータサイエンス業務を進めるにあたり、必要な人材がそろっているかどうかを客観的に判断するために、スキルレベルの把握が必要です。

また、組織としては、今後、どのようなデータサイエンティストを新たに採用するかや、

図表 2-2　データサイエンティストのスキルレベル

	スキルレベル	スキルの目安	対応できる課題
データサイエンティスト	シニア・データサイエンティスト	業界を代表するレベル	□ 産業領域全体 □ 複合的な事業全体
	フル・データサイエンティスト	棟梁レベル	□ 対象組織全体
	アソシエート・データサイエンティスト	独り立ちレベル	□ 担当プロジェクト全体 □ 担当サービス全体
	アシスタント・データサイエンティスト	見習いレベル	□ プロジェクトの担当テーマ
一般人	データ使い	賢くデータを器用に扱える	□ 担当業務
	普通の人	特になし	

［出所］「データサイエンティストのためのスキルチェックリスト / タスクリスト概説」（データサイエンティスト協会、IPA）

現在所属するデータサイエンティストをどのようにレベルアップしていくかについて、指針を得るための客観的な情報が必要です。

データサイエンティスト個人としては、現在自分がどのレベルにいるのかを知り、目指すべき人物像に到達するためには何が足りないのかを知ることができます。

データサイエンティストが活躍する企業とは

データサイエンティストは、どのような企業で活躍しているのでしょうか。大まかには次の3つに大別することができます。

①データ分析専業企業
②コンサルティング／ITソリューション企業
③ユーザー企業

データ分析専業企業は、顧客からデータ分析を請け負ったり、顧客のために分析モデルを構築したりします。分析モデルとは、たとえば銀行など金融機関に対して、口座の取引履歴からローンの返済が滞るパターンを分析し、貸し出す金額の上限を定めるといったことです。また、データ分析を簡便にするデータ分析ツールを開発して、パッケージやサービスを販売する会社も含まれます。こういった会社のほとんどは自社で開発したデータ分析ツールを使った分析のサポートを請け負うことがほとんどです。これらの会社は国内には数が少な

図表2-3　業界を代表するデータサイエンティストの人物像

ビジネス力	業界を代表するデータプロフェッショナルとして、組織全体や市場全体レベルでのインパクトを生み出すことができる ◆ 対象とする事業全体、産業領域における課題の切り分け、論点の明確化・構造化 ◆ 新たなデータ分析、解析、利活用領域の開拓 ◆ 組織・会社・産業を横断したデータコンソーシアムの構築、推進 ◆ 事業や産業全体に対するデータ分析を核としたバリューチェーン創出 など
データサイエンス力	業界を代表するデータプロフェッショナルとして、データサイエンスにおける既存手法の限界を打ち破り、新たに課題解決可能な領域を切り拓いている ◆ 既存手法では対応困難な課題に対する新規の分析アプローチの開発・実践・横展開 ◆ 高難度の分析プロジェクトのアプローチ設計、推進、完遂能力 など
データエンジニアリング力	業界を代表するアーキテクトとして、データサイエンス領域で行おうとしている分析アプローチを、挑戦的な課題であっても安定的に実現できる ◆ 複数のデータソースを統合した例外的規模のデータシステム、もしくはデータプロダクトの構築、全体最適化 ◆ 技術的限界を熟知し、これまでにない代案の提示・実行 など

［出所］「データサイエンティストのためのスキルチェックリスト / タスクリスト概説」（データサイエンティスト協会、IPA）

図表2-4　スキルチェックリスト
（ビジネス力の一部を抜粋）

スキルカテゴリ	スキルレベル	サブカテゴリ	チェック項目
行動規範	★	ビジネスマインド	ビジネスにおける論理とデータの重要性を認識し、分析的でデータドリブンな考え方に基づき行動できる
行動規範	★	ビジネスマインド	「目的やゴールの設定がないままデータを分析しても、意味合いが出ない」ことを理解している
行動規範	★	ビジネスマインド	課題や仮説を言語化することの重要性を理解している
行動規範	★	ビジネスマインド	現場に出向いてヒアリングするなど、一次情報に接することの重要性を理解している
行動規範	★★	ビジネスマインド	ビジネスではスピード感がより重要であることを認識し、時間と情報が限られた状況下でも、言わば「ザックリ感」を持って素早く意思決定を行うことができる
行動規範	★★	ビジネスマインド	作業ありきではなく、本質的な問題（イシュー）ありきで行動できる

［出所］「データサイエンティストスキルチェックリスト」（データサイエンティスト協会）

く、高度な専門能力がないと入ることが難しい狭き門の会社だと言えます。

コンサルティング／ＩＴソリューション企業は、顧客のビジネス戦略を立案したり、ＩＴ戦略を立案してシステムの開発から運用までを請け負ったりします。業務上、顧客から重要なデータを預かることが多いことから、経営に関する情報をもとに立案した戦略をデータ分析結果で裏打ちしたり、システムに格納されたデータを加工・分析して新たな戦略の立案につなげたりします。元々データに近い位置にいたことと、データ分析ツールによりデータサイエンティストの裾野が拡大したことから、データサイエンス業務を手がけるコンサルティング／ＩＴソリューション会社は増加の一途を辿っています。

最後にユーザー企業とは、データサイエンスを自社のビジネスに活用している一般企業で、データサイエンスの名前を冠した組織を持っている企業です。国内の企業は昔から業種を問わず、何かしらのデータ分析をする社員を抱えていました。昨今のデータサイエンスを駆使した商品やサービスに対する期待の高まりから、専門の組織を作ったり、社外からもデータサイエンティストを採用したりしています。

元々データサイエンス自体が事業に含まれていなかった企業が、データサイエンスのノウハウや人材などを蓄積した結果、データサイエンス事業をはじめることが増えています。Google、Amazon はその最たる例です。それ以外にも自動車であれば自動運転、流通・小売りであれば需要予測といったデータサイエンティストが活躍できるフィールドは爆発的に増えています。

データサイエンティストも学び続けている

データ分析ツールを提供する会社は、世の中のデータサイエンティストを育成したいというニーズに応えるため、入門編から高度なものまで、幅広いラインナップのセミナーやトレーニング（研修）を取り揃えています。加えて、インターネット上には動画を中心に分かりやすいコンテンツが揃っており、無償もしくは安価に学べるものがほとんどです。これからデータサイエンティストになりたい人にとっては、良い時代になっています。

また、インターネット上にはデータサイエンティスト同士がノウハウや意見を交換できるコミュニティが増え、先に触れた Kaggle を筆頭にデータ分析のスキルを競い合う場もあります。

今後はデータサイエンティスト自身によって、ビジネスの中で能力を発揮できる場所を見つけ、存在感を発揮することが求められています。

第3章 データサイエンティストの仕事

1　ビジネス課題の把握とデータ分析目標の設定

データサイエンティストの仕事には、データによる現状の分析や、分析結果に基づいた業務の改善、新たな打ち手の提案があります。顧客と仕事を進めるときだけでなく、自身が所属する組織のために働く場合にも、共通するプロセスが存在します。そのプロセスを詳しく見ていきましょう。

「データドリブン」に考える

データサイエンス業務を始めるにあたり最初にすべきこととは、顧客もしくは自組織のビジネス課題を把握することです。ビジネス課題とは、たとえば「毎年、広告を出している商品の売上が今年になって下がったが、広告を打ち切るべきかどうか判断できない」といったことです。そのようなビジネス課題を把握し、そもそもデータを分析することが解決につなげられそうかどうか、関係者と認識を合わせることが出発点です。

図表3-1　データサイエンス業務の流れ

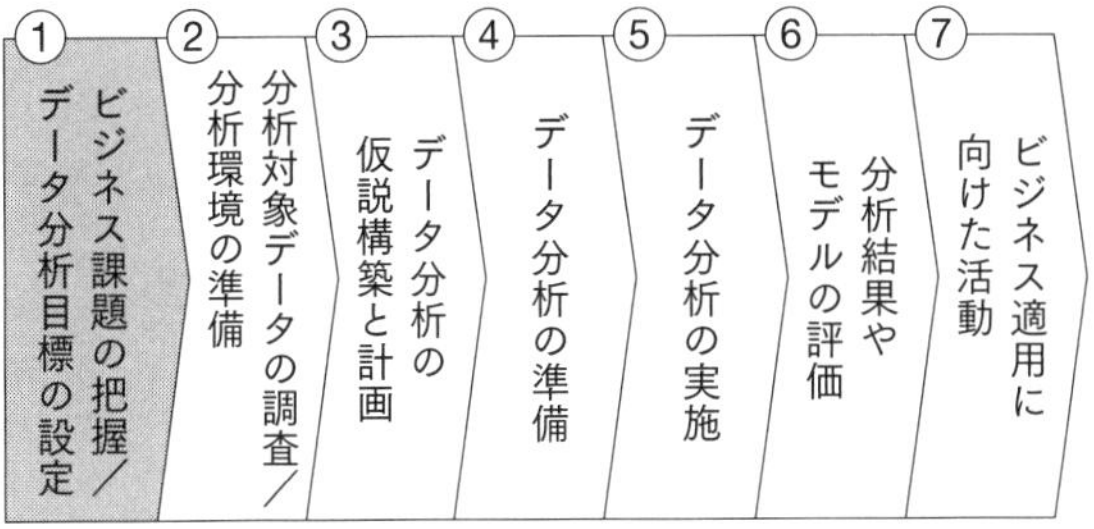

［出所］　筆者作成

例にあげた広告は、一般的に商品の販売を促進することが目的です。それ以前に、商品の存在が知られているのか、商品名が記憶されているのかといった、いわゆる認知度が現在どうなっているかということに疑問を持つのが、データサイエンティストらしい「**データドリブン**」な考え方です。

そして、自社の類似商品の広告費や販売実績と比べるなどして、この商品の認知度がまだ足りないのか、これ以上広告を出しても効果が期待できないのか、こういったことを判断するのがデータ分析の目標です。

加えて、データ分析の結果を報告書にまとめることや、業務やシステムの改善計画に反映させること、新しいビジネスの提案に盛り込むことなど、最終的にまとめる成果物の形態を確定させておく必要があります。

数値で細かく目標などが管理されることが多いですが、だからといってプロジェクトの進め方などが堅苦しいわけではありません。むしろ日々変わっていく現場などの状況に応じて柔軟に対応していくイメージです。

プロジェクト編成の実際

データサイエンスのプロジェクトは、最終的な成果物に対して責任を負うリーダーを筆頭に、5〜6人程度の体制で遂行するのが一般的です。リーダーは、分析に必要なデータの準備、分析の実行、分析モデル作りなど、各メンバーの持つスキルや経験、金融や流通といった**業界の知識（ドメイン知識）**などを考慮し、メインで担当する業務を振り分けます。

なお、データサイエンティストは1つのプロジェクトに専属ということはほとんどなく、特にメーカーなどのユーザー企業に所属するデータサイエンティストは、データサイエンス以外の業務も兼務することが多いことから、各メンバーの稼働管理もリーダーの重要な責務になります。

プロジェクトの規模は、ビジネス課題の重要度によって左右されます。

たとえばスーパーマーケットで特定の商品の最適な小売価格を決める分析であれば、プロジェクトの規模はそれほど求められません。一方、新たに大型店舗を出店して成功するかどうかといった分析のように、経営の根幹に関わるようなものであれば、プロジェクトの規模は大きくならざるをえません。

ごく小規模なプロジェクトであれば、すべての業務を一人のデータサイエンティストが行うこともあります。

とりわけ駆け出しのデータサイエンティストであれは、そのようなプロジェクトを最初から最後まで一人で担当することで「**独り立ちレベル**」に近づくことができます。

分析の実行やモデル作りといったデータサイエンティストらしいスキルがあることは重要ですが、プロジェクトに関するドメイン知識を豊かにし、プロジェクト全体の流れを把握する能力があることも同時に求められます。

現状では世の中にデータサイエンティストを組織的に育成する仕組みや、体系的に教育するコンテンツがそろっているとは言い難いため、業務を通じて必要なスキルや知識を獲得していくことが中心になります。

特に駆け出しのデータサイエンティストは、雑用を含めて様々な業務を割り振られることが多くあります。しかし、そこで業務をえり好みせずに一つひとつこなしてゆき、目指すデータサイエンティスト像を明確に描きながら、データサイエンティストとしての引き出しを蓄えていけば、希望するプロジェクトのメンバーに選ばれる機会は自ずと増えていきます。

データの持ち出しは要注意

データ分析の目標が決まれば、実際に分析に活用できるデータの所在や持ち出し方法を確認します。データの種類によっては、個人情報を匿名化するなどの処理を施さずにそのまま持ち出すことや、持ち出すこと自体が法令や顧客との契約で禁じられているものもあるので、注意が必要です。

最近ではＤＶＤやＵＳＢメモリなどのハードメディアではなく、インターネット経由でデータの入ったファイルをやりとりすることがほとんどです。ファイル転送サービスなどを使う際は、セキュリティが十分に確保されているかどうか、相手側のデータ取り扱いルールに沿っているか、確認しなくてはなりません。

　また、外部の協力会社などにデータ分析を依頼する場合は、やりとりするデータの形式や容量、分析結果を確認するソフトウエア（アプリケーション）なども事前に合意しておく必要があります。

2 分析対象データの調査と分析環境の準備

データが「ある」ことと「使える」ことの違い

顧客もしくは自組織でデータ分析をすることになっても、存在するすべてのデータが分析に使えるとは限りません。法令や契約などで何かしらの制約がかかっていたり、コンピュータ上で扱えるようにデジタル化されていなかったり、デジタル化されていても規則的に整備されていなかったりといったケースがほとんどです。

データを入手したあとは、すべてのデータを棚卸しし、それぞれのデータの品質や特徴を吟味したうえで現状を一覧表などにまとめ、どのデータがそのまま、または加工すれば分析に使用することが可能なのかどうかを確認します。

現存するデータのみで不十分であれば、統計的手法や分析モデルを使うことで不足分をカバーすることが可能なのか、不可能であれば外部からデータを調達することが可能なのかどうかを確認します。

図表 3-1　データサイエンス業務の流れ

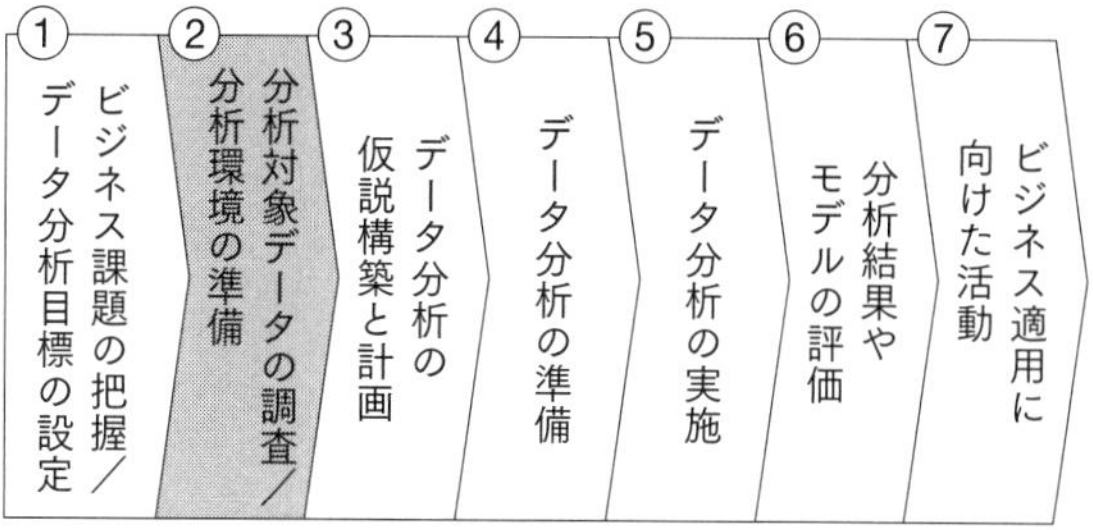

［出所］　筆者作成

また、データサイエンス業務をプロジェクトとして進めるうえで、実際にデータ分析を実行する分析ツールやデータを格納するデータベース、分析結果を共有するためのネットワーク環境などの準備も主導します。

データベースの構築は、データサイエンティスト自身が行うべき業務です。仮にシステムエンジニアなどの力を借りる場合でも、データベースの構成や格納されたデータの品質を担保する責任はデータサイエンティストにあることは、言うまでもありません。

3　データ分析の仮説構築と計画

仮説構築の難しさ

データサイエンティストには「このデータを、この方法・手順で分析すれば、このような発見ができるはず」という仮説を、可能な限り多く作ることが求められます。たとえば、ある商品の売上がある期間だけ下がったのであれば、気温などの天候の変化によるものなのか、テレビＣＭの本数を減らしたことによるものなのか、競合他社の新商品の売れ行きは影響しているのか、といった考えつく限りの理由を挙げたうえで、このデータとこのデータの関係を見れば因果関係が分かるだろう、というのがデータサイエンティストが立てるべき仮説です。

この**仮説構築**のスキルは、一朝一夕に身につくものではありませんし、前述した通り育成する仕組みや教育コンテンツは乏しいのが実情です。

また、物事を思いもよらない角度から眺め、まだ誰も気づいていないことを見抜くような

図表3-1　データサイエンス業務の流れ

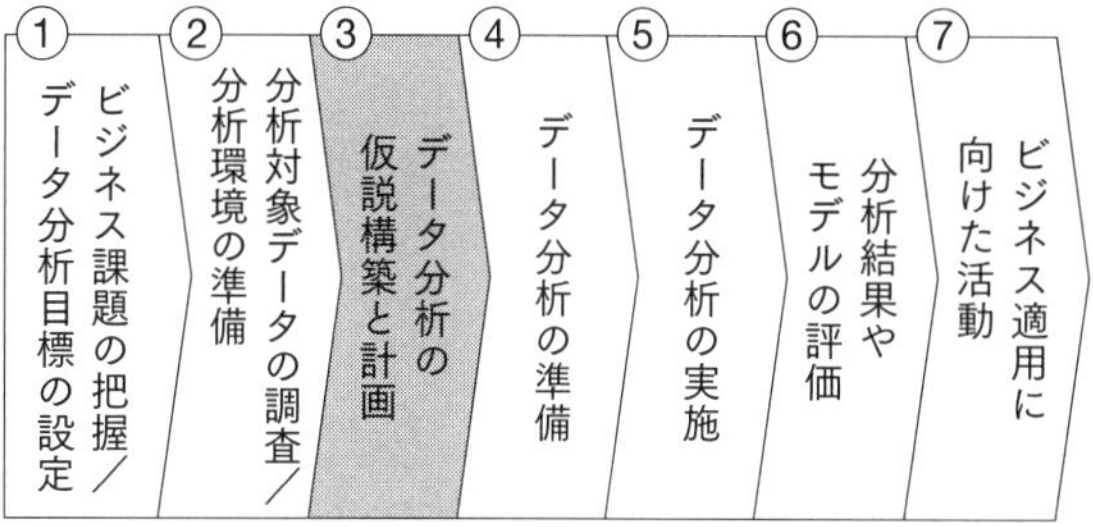

［出所］　筆者作成

ことは、特別なセンスを持った人にしかできないと思うかもしれません。

しかし、データサイエンティストは、実際のプロジェクトの中で、そのような能力を持った人の考え方や言動を観察することで、少しずつ身につけているのです。

そのためには普段から様々な世の中の動きに興味を持ち、データによって解明できる方法などに思いを巡らせるような姿勢を持たなくてはなりません。

また、現場を自分の目で見るということも、仮説を考えるきっかけにできます。

別の職種の話になりますが、コンサルタントやシステムエンジニアは、顧客の業務を深く理解し、提案などに役立つ気づきを得るため、為替市場のディーリングルームやコンビニエンスストアでの業務を体験することがあります。

このようなことは、仮説構築が求められるデータサイエンティストにこそ必要なことかもしれません。

データ分析の計画作り

データサイエンティストは自ら作成した仮説を顧客やプロジェクトメンバーと共有し、打ち合わせなどでブラッシュアップした後、対象となるデータの入手や加工に必要とされる工数といった制約条件や、分析結果からアクションへのつなげやすさなどを加味したうえで、検証すべき仮説の優先順位をつけていくのです。そうすることでデータ分析の計画ができあがります。

4　データ分析の準備

データクレンジングに注意が必要な理由

分析に使うことが決まったデータは、コンピュータ上のデータ分析ツールで読み込み、分析可能な状態にしなくてはなりません。

前述した、データが格納されたデータベースから分析に必要なデータを必要な分だけ抽出することや、分析に不要なデータを取り除くこと、関係者間でデータを共有するためのデータ形式に変換することなどのデータ処理が必要です。この処理を**データクレンジング**と呼びます。

データ分析ツールによっては、読み込めるデータの形式に違いがあるため、データ分析ツールの仕様にもある程度精通しておく必要があります。

また、扱えるデータの量には制限があるため、不要なデータは極力省くことが求められます。

図表 3-1　データサイエンス業務の流れ

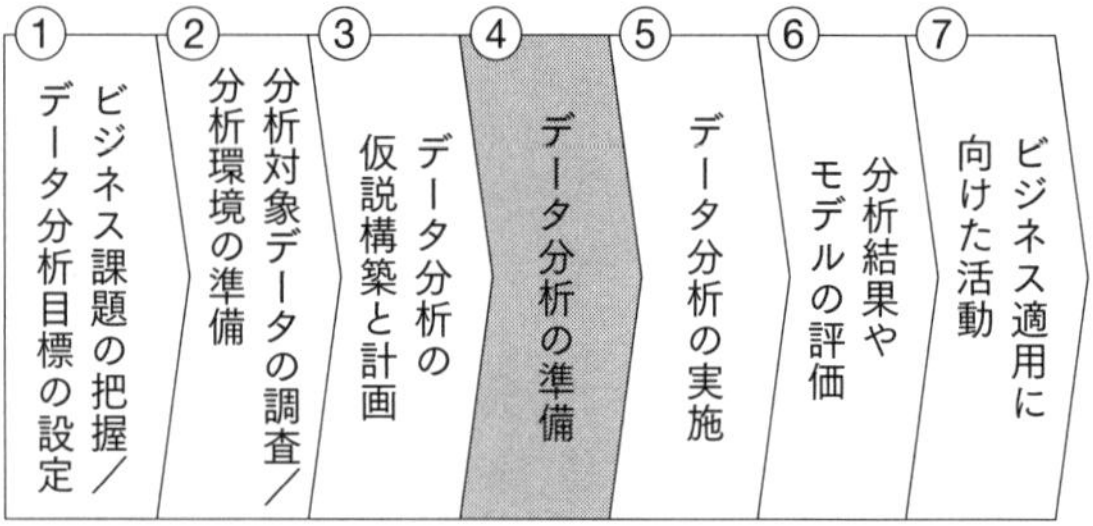

［出所］　筆者作成

しかし、必要以上にデータを省いてしまったり、歯抜けになっている値（**欠損値**）がごく少数なので埋めずに放置してしまったりしていたら、後で分析に不可欠だと分かることもあります。

最悪の場合、分析をすべてやり直すことにもなりかねないので、細心の注意が必要です。

5　データ分析の実施

ツールが分析を高速化する

データ分析ツールにデータを読み込ませれば、**平均値**やデータのバラつきの度合いを示す**標準偏差**（図表3―2）といった、分析のもととなる「**基本統計量**」と呼ばれる数値が一瞬で手に入ります。

そればかりか分析ツールによっては、簡単な操作を加えることで、数多くある数値と数値の相関関係（例：数学の点数が高い人は理科の点数も高い）が一目瞭然となる散布図（図表3―3）に変換してくれるものまであります。

数値の相関関係が分かれば、因果関係をつきとめるための切り口を導き出すことや、将来の予測、様々な条件を仮想したシミュレーションが可能になります。

しかし、この段階でデータから何の関係性も見出せないのであれば、仮説構築に立ち戻ることや、分析方法自体を見直す必要が出てきます。

図表3-1　データサイエンス業務の流れ

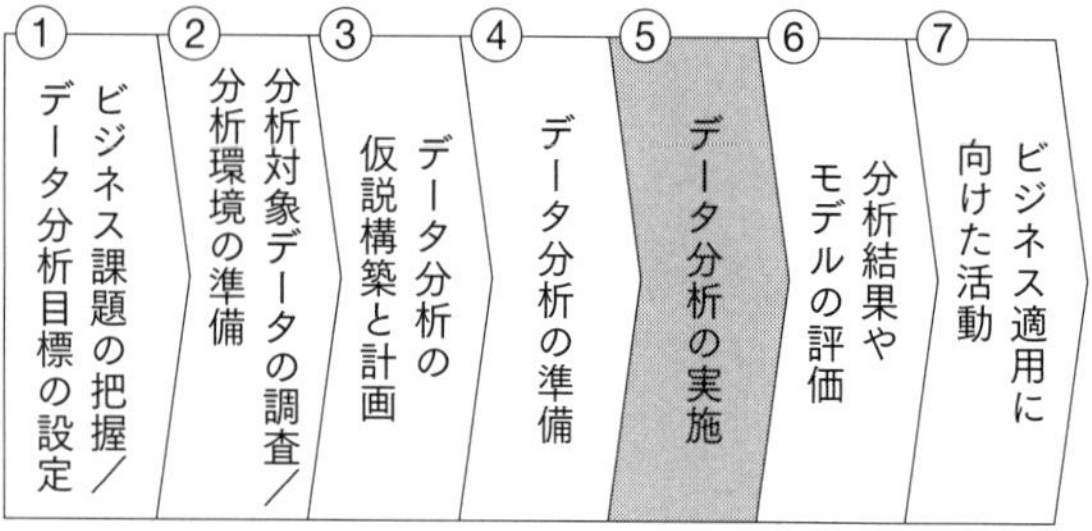

［出所］　筆者作成

仮説やシミュレーションを多面的に検証していくことで、最終成果物である報告書や業務、システムの改善計画、あるいは新しいビジネスの提案の肝となる分析モデルが構築できます。

構築した分析モデルは、別のプロジェクトにも流用できることが多く、データサイエンティストとしての引き出しとなります。

図表 3-2　平均値と標準偏差

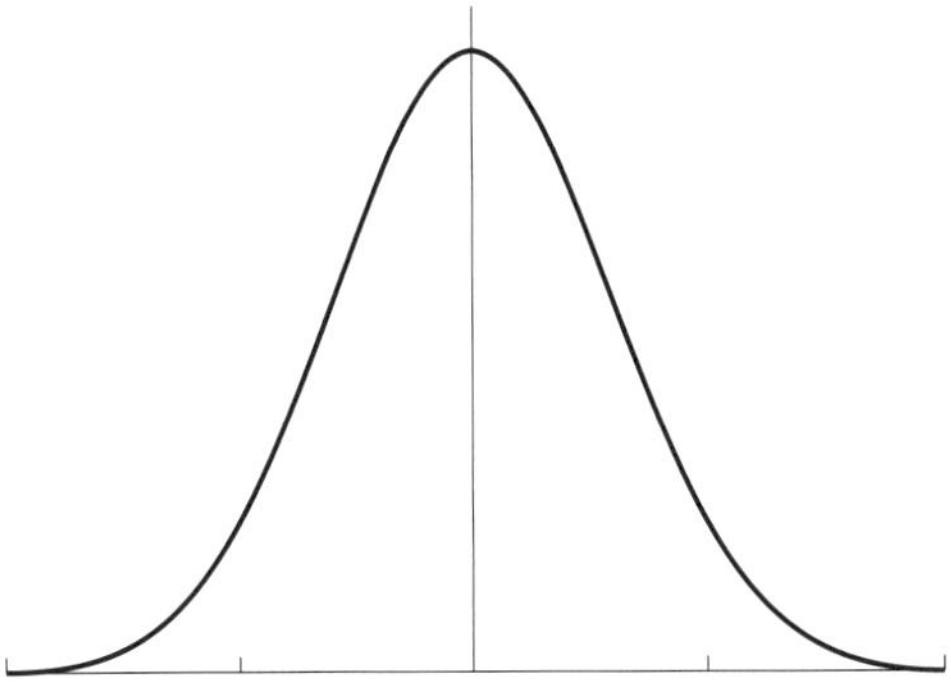

［出所］　筆者作成

図表 3-3　相関関係を示す散布図

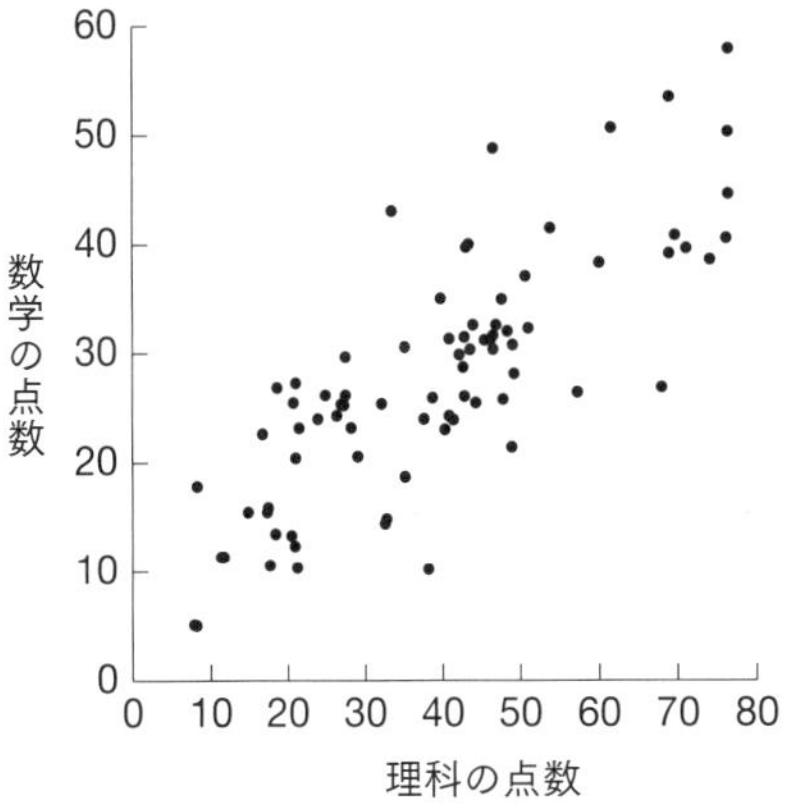

［出所］　筆者作成

6　分析結果やモデルの評価

分析結果やモデルを出すことだけがゴールではない

データサイエンス業務の最終段階として、プロジェクトに関わったメンバーをなるべく幅広く集めて報告会を開催し、分析結果や分析モデルが実際のビジネスに適用できるかどうかの観点で評価します。

ここで重要なのは、たとえ望ましい結果が得られなかったとしても、事実として忠実に伝えるということです。顧客や上司に対し、結果を少しでも意味あるものに見せようとする気持ちは分かりますが、結果は結果として中立的な立場で示すことがデータサイエンティストの役割であり、矜持であると言えます。

また、結果を導き出すまでのプロセスが妥当なものだったかどうかについても検証します。そうすることで分析結果や分析モデルがどこまでビジネスに適用できるか、適用できないのであれば、どの部分もしくはどの分析プロセスに問題があったのかが明確になります。

図表 3-1　データサイエンス業務の流れ

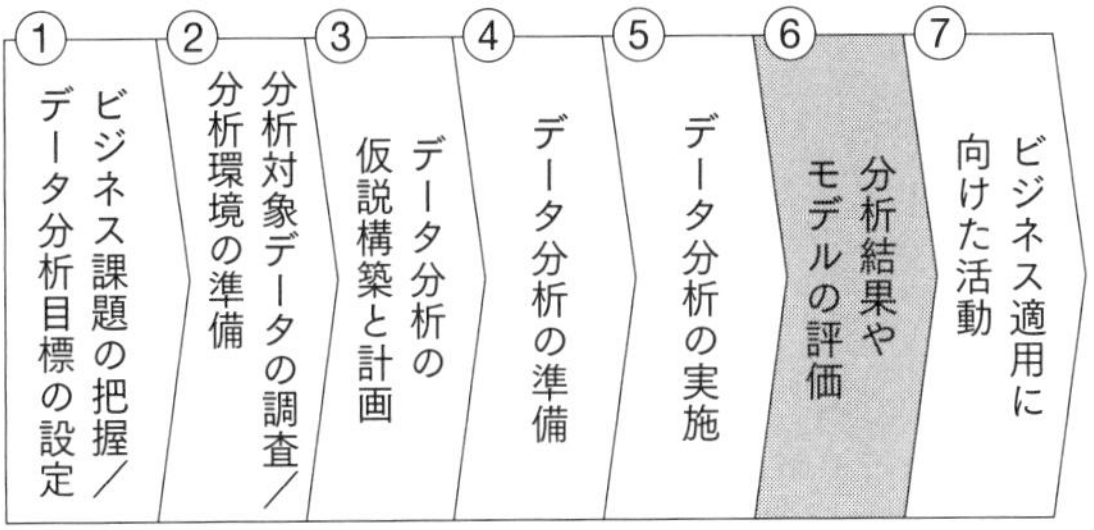

［出所］筆者作成

このような報告会を企画して、実のある指摘や意見などを関係者から集めるのも、データサイエンティストの重要な仕事です。

データサイエンス業務は、分析結果やモデルを提出して終わるということはほぼありません。ビジネスに適用した結果をもとに分析の精度をさらに上げることや、新たな課題を発見することが絶えず求められるのです。

また、データサイエンスのプロジェクトを通じて得られたノウハウ、文書やプログラムのコードといった**知的資産**を棚卸しし、次のプロジェクトに役立つように整理しておくことも大切なことです。

7　ビジネス適用に向けた活動

プロジェクト後のフォロー活動

データサイエンス業務は、分析結果やモデルを出し、評価を受けることで一区切りとなりますが、実際に分析結果やモデルがビジネスの現場で活用されなければ意味がありません。データサイエンス業務に対する評価は、データ分析の結果によって、どれだけビジネスに貢献できたか、ということに尽きます。

もちろん優れた分析モデルを構築したり、予定通りにプロジェクトを完遂したりすることは評価されるべきことです。

しかし、これからのデータサイエンティストのあるべき姿を考えると、それだけでは不十分です。

分析結果やモデルが実際に活用され、そのことでビジネスに貢献したことが評価されてこそ、データサイエンティストという存在が評価され、世の中に認められていくのです。

図表3-1　データサイエンス業務の流れ

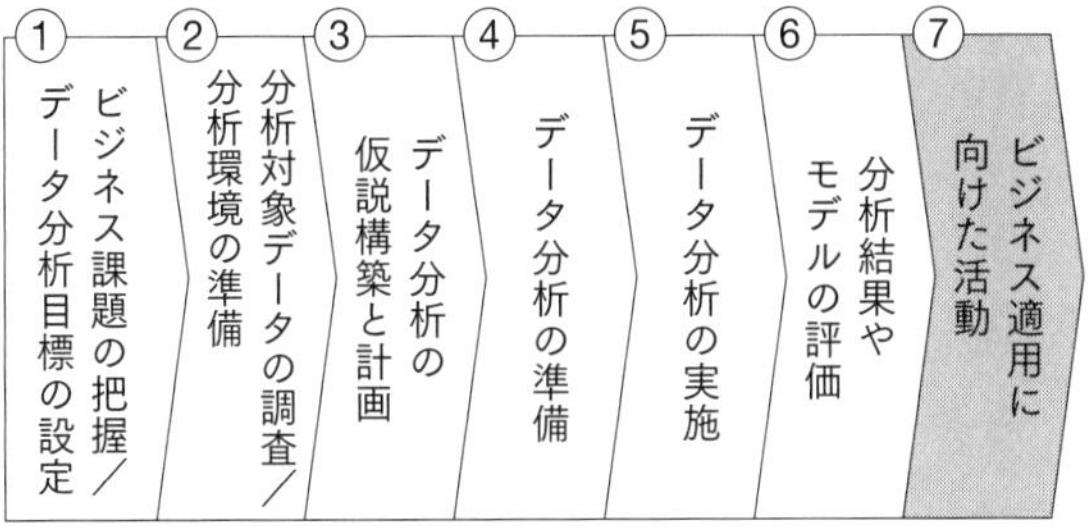

［出所］筆者作成

データサイエンティストの重要な役回りには、データサイエンス業務の終了後でも当初の計画通りに分析結果やモデルが適用されているかどうかをモニタリングし、もし滞っているのであれば、適切なタイミングで情報の提供や上手く適用するためのアドバイスをするようなフォロー活動も含まれます。

このような活動を通じて、適用した分析結果やモデルに対する発見・洞察を得ることができるほか、分析結果やモデルを適用したことで新たに生じた問題に携わることも可能になるのです。

8　新たなビジネスを生み出すためのデータサイエンス業務

PoCは新たな活躍の場

データサイエンティストが活躍する新たな場として、企業などが「このようなビジネスやサービスが成り立つのか」という仮説を検証するための活動であるProof of Concept（**PoC：概念実証**）が挙げられます。

この活動は、実際にビジネスやサービスを実験的に小規模ではじめてみて、その結果を検証する、いわゆる**テストマーケティング**の考え方と似ています。

とはいえ、PoCは実際にビジネスやサービスを作らず、半製品のような形で世の中に投入して反応を見ます。たとえば自動販売機にカメラと温度センサーを取り付け、いまから飲み物を買おうとしている人の背格好や体温などを計測し、統計的な分析をもとにおすすめの飲み物を提案する、といったことです。実証実験や社会実験と言い換えられるかもしれません。

このPoCにおいてデータサイエンティストが活躍するのは、PoCから得られる限定的な（少ない）データと、外部から入手できる様々な統計データとを組み合わせて分析することにより、そのビジネスやサービスが成り立つかどうかの予測やシミュレーションを行うプロジェクトにおいてです。

企業などが行うITシステムなどへの投資額は、億単位の高額になることが多く、そのような投資の判断に慎重を期すために、PoCを実施する企業が増えています。

そのような企業に外部の専門家としてデータ分析などのサービスを行うことや、自社内でPoCの計画立案・実施・検証などを支援することなどが、データサイエンティストに求められる業務として増えています。

第4章 データサイエンティストのリアル

この章では、野村総合研究所で働くデータサイエンティストの経験をもとにした6つのストーリーをお送りします。

※本章のストーリーは、実際の事例をもとにしたフィクションです。

1　大企業の論理を超えろ（ビジネス力編①）

登場人物
高木：大手クレジットカード会社のマーケティング担当
淡路：旅行会社からの出向社員

「日本一のカード会社と旅行会社のデータがあれば、何だってできると思わないか？」

高木は忘年会の宴席で常務から言われたことに「そうですね」と軽く答えてしまったことを後悔していた。

大学時代、テレビ番組に頻繁に登場するくらい、マーケティング界では有名な教授のゼミに所属していた。大手クレジットカード会社に入社し、新入社員研修後に第一希望のマーケティング部門に配属され、15年が経った。

高木は従来のマーケティングだけでなく、インターネットから得られるユーザーのアクセスログや回遊動線などのデータを活用するデジタルマーケティングを得意とし、仕事に必要だからと、統計やデータ分析ツールのノウハウを習得していった。

気づけば、社内のデジタルマーケティングの第一人者と呼ばれるようになっていた。

合弁会社の設立準備室長

高木は社長室に呼ばれ、旅行会社と共同出資して作る合弁会社の準備室長の辞令を受けた。

部下となるのは6名ほどで、そのうち半分は高木と同じ部署の後輩、もう半分は旅行会社の営業部門から出向してくる。

この新会社設立の話は、自社の社長と先方の社長がゴルフのコンペで同じ組で回ったとき、少子高齢化による市場の縮小が不可避な両業界共通の悩みを語り合い、「何か一緒にできないか？　両社の顧客データを活用すれば、何かできるはずだ！」と意気投合して決まったらしい。

「社長は出資とか人事異動とか、ビジネスで重要なことは、大体、酒の席かゴルフ場で決めるんだよ」という常務の言葉に「あんたもな」と思ったが、肝心の新会社の業務内容が「データを活用したビジネス」という以外、何一つ決まっていないとは、夢にも思わなかった。

縦割り組織の弊害

「パック旅行商品ごとの販売データを都道府県別に比較したいから、データを集めてくれるか？」

高木は旅行会社から出向してきた部下の淡路に指示した。

「首都圏だけではダメですか？」と淡路が答えた。

高木は少し呆れたが、平静を装い「地域ごとの特性を把握したいんだ。頼むよ」と続けた。

「室長はご存じないかもしれませんが、旅行会社としてのブランドは全国共通でも、首都圏と各地方は、エリア別に会社が分かれてましまして」

「だから？」

「データが集められるのか、別会社にそういう依頼をしていいのか、正直分かりません」

企業文化の大きな違い

高木はカード会社と旅行会社との違いに、大きなカルチャーショックを受けていた。

カード会社では、毎月郵送するカードの支払い明細に同封するペラ1枚のチラシから、有名な映画俳優を起用したテレビCMまで、幅広い広告手段を企画立案する。加えてSNSや動画サイトといった新しい広告媒体が登場し、従来よりも簡単にマーケティングに必要なデータが手に入るようになったことから、日々新たな施策を考え出すことを迫られる。

一方、旅行会社といえば、様々なパック旅行の企画を考えるという華やかなイメージがあるが、実際は鉄道・航空会社、ホテル・旅館業者、現地の観光業者との取引関係によって、過去のパック旅行をベースに、少しずつ内容を変えるだけというマイナーチェンジも多い。これは旅行業法によって細かい規制があるため、法律に抵触しないよう過去の違反事例を頭に叩きこみ、リスク・コスト・現地の事情などを勘案して旅行内容を計画・運用する緻密さが求められ、斬新な企画を立案しにくいという事情があるからだ。

カード会社の「前例に囚われず、どんどん新しいことを考える」積極性と、旅行会社の「前例をきちんと踏襲し、無事に運用する」保守性という、両極端な文化はこうして生まれたのだ。

データドリブンで組織文化の壁を崩す

高木は2つの異なった文化の融和を図り、データによって新たなビジネスを生み出す集団をつくりだすため、データ分析の勉強会を自ら主催した。

もともと高木と同じ部署にいた後輩たちも、データ分析にはそれほど詳しくなかった。これを機に客観的事実であるデータを判断基準にする「データドリブン」という言葉を両者の共通言語にするのだ。

高木は勉強会で、ある清涼飲料水の毎日の売上が棒グラフ、テレビCMにかかった費用が折れ線グラフで表された架空のデータをインターネットで入手し、プロジェクターで映し出した。

「今後、このテレビCMを続けるべきだと思うか？」と高木は部下たちに問うた。

「止めるべきだと思います」と淡路が答えた。

「理由は？」

「真夏にもかかわらず、直近の数日間、売上が横ばいで、伸びていないからです」

「なるほど。しかし、テレビCMは売上を伸ばすためだけのものなのかな？」

「それが一番だと思いますが」

「そうだね。しかし、テレビCMだと最低6回は見られないと商品が記憶されないと言われている。売上が横ばいになったのは、テレビCMで商品を記憶した人の数が飽和したからかもしれない。だからCMを流す番組や時間帯を変えて検証する必要がある」

「なるほど」

「テレビCMの費用と実際の売上という2つの数値から将来を予測するのが回帰分析、これにテレビCMの放映回数とか別の数値も加えて予測するのが重回帰分析だ。データ分析のノウハウは俺がこうやって伝えていく。みんなは両社のデータと強みを使って、どんなビジネスが可能になるか、アイデアを出してくれ」

新規ビジネスの切り口

高木は国内のカード会社の草分けである自社の強みを、改めて考えてみた。

それはクレジットカードの入会受付、利用代金の請求管理、ポイントの管理、各種問い合わせ対応などの業務を代行する事業だ。カード会社にこの事業が生まれたため、航空会社や百貨店など、自社ブランドのクレジットカードを持つ企業が爆発的に増えたのだ。

これらの業務は自社が代行するだけではなく、業務システム自体をサービスとして提供することもできる。国内のクレジットカードビジネスを牽引してきた盟主であるからこその強みだ。

これに大手旅行会社の強みを付加できないかと考えつつ、パック旅行について気になっていたことを淡路に尋ねた。

「インターネットで格安のパック旅行商品があふれているのに、窓口で高い商品が売れ続けているのはどうしてだろう？」

「窓口で接客するスタッフの説明力です。単なる旅程やオプションの説明ではなく、ここではこんな景色が見られますよ、こんな素敵な店で食事ができますよ……というふうに旅行中の素晴らしい思い出作りが克明にイメージできるように話すことができるんです」

「ほぉ」

「自分が大の旅行好きだから入社した、という人ばかりなんですよ。実際、旅慣れてもいますし。ＳＮＳでお土産を紹介して、物凄いアクセスを集めている社員もいます」

「それだ！」

アフィリエイトサイトの運用

新会社の事業はアフィリエイトサイトの運用に決めた。アフィリエイトとは、ウェブサイトで商品やサービスを紹介し、そのサイト経由でユーザーが実際に商品やサービスを購入した際に、金額の一部を受け取ることだ。

実は大手クレジットカード会社のほとんどは、カードのポイントを優先的に付与することをメリットとしたアフィリエイトサイトを運営している。しかし、ポイントの優遇以外の売りが少なく、どこも似通った内容となっていた。

しかし、大手旅行会社の社員が目利きし、旅の思い出とともに情感たっぷりに紹介されたワインやお菓子などは、消費者の目に魅力的に映るはずだ。

「カード会社としてアフィリエイトをはじめたのはウチだ。そのシステムを使って、旅好きのためのアフィリエイトサイトを立ち上げる。プレミアム感を出すために、最初は招待制にしよう。カードで高額な航空券やパック旅行を購入した会員を洗い出してくれ」

高木は淡路に指示したあとで、さらに付け加えた。

「会員の獲得数の伸びから売上金額を予測するシミュレーションは、どうすればいいか分かるよな」

「回帰分析、ですか？」

「その通りだ」

「これから欲しくなるもの」を先回り

新会社で立ち上げたアフィリエイトサイトは、他を圧倒する旅先の情報量に加え、「どうすれば招待メールがくるのか」がＳＮＳで話題となり、マスコミにも取り上げられる有名サイトとなった。

しかし、サイトの知名度が上がることに比例して期待通り売上が上がったかというと、そうはならなかった。頻繁に高額な旅行をするからといって、インターネット通販で高額な買い物をするとは限らないからだ。

この層の多くは情報収集能力が高く、「いま欲しいもの」はインターネットで検索し、比較サイトのレビューなどを参考にして購入する。

だからこの層の趣味・嗜好をもっと細分化した分析を重ね、そして「旅行と○○好き」という新たなターゲット層を見つけ出さなくてはならない。そしてアフィリエイトサイトの閲覧履歴や回遊動線などとともに分析して「これから欲しくなるもの」を割り出し、先回りしなくてはならない。

高木の挑戦は、まだ始まったばかりだ。

2　データで新規ビジネスを立ち上げろ（ビジネス力編②）

登場人物
三崎：大手コンサルティング会社のコンサルタント（課長）
本郷：広告会社からの転職者

「要は人の頭数に依存しないビジネスってことですよね？」

三崎は課長としてマーケティング分野の調査・コンサルティングチームを率いている。顧客の売上が一時的に下がったりすると、広告・宣伝といったマーケティング関連の予算は、最初に経費削減の対象として吊るし上げられる。

しかし三崎は、先輩たちが長年にわたって蓄積してきた調査のノウハウと、顧客との信頼関係を武器に、毎年安定的な収益を上げ続けていた。

調査・コンサルティングのビジネスは、研究員やコンサルタントの頭数によって、どうしても売上の規模の限界が決まってしまう。

三崎は毎年のように人員の拡充を訴えているが、大企業の業務改革プロジェクトなどに人手が取られるばかりだ。

そういったどうにもならない事情があるにもかかわらず、事業部の月例会議では、三崎のチームの売上が伸びないということが何度もやり玉に上げられている。

「だったらデータが稼いでくれる新規事業を立ち上げますよ」

三崎はそう啖呵を切って会議室を後にした。

マーケティング部門の不満を捉えろ

三崎は新規事業を立ち上げるため、付き合いのあった広告会社から、データ分析に明るい本郷に目を付け、引き抜くことに成功した。

本郷はその広告会社きっての理論派として名を轟かせていたが、広告のキャッチコピーやテレビＣＭの映像といった華やかな広告表現の部分にのみスポットライトがあたり、本当に広告の効果があったのかどうかといった本質的な議論がないがしろにされていることにもどかしい思いを抱えていた。三崎は、そのことを見抜いていた。

「マーケティング部門との接点って、意外と少ないんですね」

転職してきた本郷は、営業先としてマーケティング部門が少ないことを指摘した。コンサルティング会社の営業先は経営企画部門がほとんどだ。

「それに数少ない接点も、長年付き合いがある方々だけに限られてますよね」

そう本郷に言われて、三崎は顧客であるはずのマーケティング部門のニーズや悩みが十分に把握できていないことを痛感した。

そこで、いままで付き合いが薄かった企業はもちろん、現場の最前線にいる人やその管理職、役員までと様々な立場の人々から話を聞いて、新しい事業の骨格を固めたいと思った。

しかし既に付き合いがある企業だとしても、マーケティング部門の具体的な担当者名を知らなければ、挨拶することすらままならない。

三崎と本郷は、新聞や雑誌、ウェブサイトなどを、将来の営業先としたい企業のマーケティング部門のキーパーソンが登場していないか隈なくチェックし、彼らが登壇するイベントや講演会などがあればすべて参加し、ヒアリングができる人脈を地道に広げていった。

新規事業の核

三崎と本郷がヒアリングを繰り返した結果、見えてきたのは、マスメディアを使った高額な広告費用に対する不満だ。

特に在京のテレビ局や全国区の新聞紙面で広告を出そうとすれば、その枠を押さえるだけで数千万円単位の金が簡単に飛んでいく。

広告会社は「何百万人にリーチした（広告を見た）」と、もっともらしい数字を嬉しそうに持ってくる。しかし、広告によって商品やサービスなどの認知度が上がったことは分かっても、広告を見たことで売れたかどうかという因果関係は、誰にも分からないのだ。

「真の広告効果を測定するサービス」

新規事業の核になるものが、はっきりと二人には見えていた。

使えるデータを手に入れろ

三崎は顧客企業から受注した調査やコンサルティングで、テレビCMをいつ、どの局で流したかというデータや、そのテレビCMで広告した商品のPOSデータを分析用に提供されることがあった。

これらを組み合わせて分析することで、広告の効果はある程度分かるが、広告が購入の決め手になったかどうかまでは分からない。

当たり前の話だが、顧客企業から預かったこのようなデータは機密情報であり、請け負った業務以外の用途に使うことは一切許されない。

「なら一から集めればいいじゃないですか」

本郷の言葉に背中を押された三崎は、会社に研究開発プロジェクトの立ち上げを申請し、広告の効果測定に必要なデータの収集に着手した。

決め手はシングルソースデータ

広告と売上の因果関係を示すためには、実際に商品やサービスを購入した消費者の「広告を見る前」と「広告を見た後」の状態と変化を見なければならない。三崎はそう考えていた。

たとえばビールであれば、気温が上がれば自ずと販売数量は上がるものだし、メーカーに力があれば小売店で消費者が手に取りやすい場所や棚を占有することもできる。それに元々認知度が高い商品であれば、広告が売上に寄与する余地は少ないはずだ。

あるいは、広告を一切見ていなくても、商品を買った消費者だっているはずだ。

いままで「認知度は上がったから、それでOK」で済まされていた広告の世界に、「効果の少ない広告を減らす」・「効果の高い広告を増やす」という選択肢を作るのだ。

そのためには、散在するPOSデータなどのマーケティングデータを組み合わせるのではなく、消費者一人ひとりの態度や行動の変化を継続的に追い続ける「シングルソースデータ」が必要だった。

シングルソースデータを集めるため、レシートから自動的に家計簿を作るためのスキャナーや人気のスマートフォンなどを消費者にレンタルすることにも挑戦した。

残念ながら新規事業を支える有効な手段にはならなかったが、意欲的な取り組みは営業先に評価されるようになり、三崎たちに広告の効果測定を頼みたいという顧客は徐々に増えていった。

広告効果測定サービスの立ち上げ

三崎は顧客基盤が安定してきたことに加え、インターネットによるアンケート調査にかかるコストが抑えられるようになってきたことから、マスメディアを活用している企業向けに広告効果測定サービスを立ち上げることに踏み切った。

アンケート調査では、５０００人の消費者に対して2カ月間、毎日、見た広告と広告によって購入した／したくなったもの、広告を目にしていないが購入したものなどについて回答してもらう。

それによって広告を見た人と広告を見ていない人、それぞれの変化の「差」が分かるからだ。

三崎と本郷が開発したこの広告効果測定サービスは、理解のしやすさもあり、いまではマーケティングの業界で広く知られるようになってきている。

3 新規店舗の売上を予測せよ（データエンジニアリング力編）

登場人物
宮田：大手ファーストフードチェーンの情報システム部門で働くシステムエンジニア
京橋：社内唯一のベテランデータサイエンティスト

「なかなか筋が良いな」

システムエンジニアの宮田は、会議後に社内で「生きる伝説」と呼ばれる京橋に声をかけられ、恐縮していた。

京橋は、これから新規出店が計画されている店舗の売上を、驚異的な精度で予測する、社内でただ一人のデータサイエンティストだ。

幹線道路沿いにある路面型ファーストフード店の新規出店は、莫大な費用がかかる。土地代が割高なためだ。そのため、計画通りの売上を上げられるのか、事前に入念なシミュレーションが行われる。

そのシミュレーション結果を大きく左右する変数の1つは、競合ファーストフード店の存在とそこからの距離だ。

「ライバル社のファーストフード店だけ見てちゃ、ダメなんじゃないですか」と宮田は会議で切り出した。コーヒーショップやコンビニエンスストアなど、ファーストフードの代替となりえる商品を扱う店舗がロードサイドに増えてきているというのに、競合ファーストフード店の存在しか考慮されていないことに違和感を覚えたからだ。

「自分の目で現場を見るべきだと思います」

会議中、先輩社員たちの目は冷ややかだったが、会議後の京橋の一言に救われた。

「生きる伝説」の後継者

「京橋さんが倒れた」

ある朝、京橋が駅のホームでうずくまっているところを発見され、救急車で運ばれたという連絡が警察から入り、社内に衝撃が走った。

もともと心臓に持病があり、軽度の発作だった。高齢ということもあり、大事を取って長期間療養するとのことだ。定年間近ということもあり、そのまま退職となるらしい。

「後継者は、宮田先生しかいないいんじゃないか？」

先輩社員たちが小馬鹿にした口調で、そんな話をしていたと同期入社の友人から聞いた。

宮田が所属する情報システム部門にデータサイエンスはおろか、システムに詳しい人間もいない。大手とはいえファーストフードチェーンという業態は、理系の学生から志望されることが少ない。商学部出身の宮田が情報システム部門に配属されたのも「文系の中では一番理系に近そうな学部」という適当な理由だ。

先輩社員たちは情報システム部門に対する現場からの要望を取りまとめてくるだけだ。その要望をもとに、外部のシステム開発会社がプログラムなどを組めるよう、要求仕様書にまとめるのが宮田の仕事だ。

そして、マーケティング部門などから依頼されるデータ分析は、「生きる伝説」京橋がすべて対応していた。

データ分析の流れと全体像を理解する

宮田は京橋がつくったデータ分析のプログラムや、外部にデータ分析を依頼するための資料に目を通してみた。

統計の用語や公式などがまったく分からない。プログラムを読み解くのも、過去に情報処理技術者試験に受かるためだけに勉強して以来だったため、その場では理解できなかった。

しかし、プログラムで使われている公式などの意味を一つひとつ丹念に調べて理解していけば、プログラム自体は資格試験で選択したものよりはるかに単純であり、次第に分析の流れや全体像が理解できるようになっていった。

理数系の科目が苦手で文系を選んだ自分が、これほどデータ分析にのめり込むとは思わなかったが、それ以上の驚きだったのは、最新のデータ分析ツールの威力だ。

行と列に整理されたデータさえあれば、数行のコードを書く、もしくはパソコンの画面上でクリックを繰り返すだけで、一瞬にして統計で基本となる数値がはじき出され、それぞれの数値の関係を示す様々なグラフが目の前に数多く並べられる。

宮田はデータ分析ツールに種々のデータを読み込ませ、多様な切り口での分析を試しているうちに、いつしか外部のデータ分析業者と対等に話ができるようになっていた。

見つからないデータ分析の変数

宮田はデータサイエンティストとしてのデビュー戦として、新規出店の候補となった複数の用地から、実際に出店する1箇所を選ぶためのデータ分析を任された。

手慣れてきたデータ分析ツールを駆使し、競合となりそうな周辺の店舗、周辺の人口密度、隣接する道路の交通量などを主な変数として、候補を絞り込んでいった。

だが、最終的に絞られた3つの候補用地の売上予測は、ほぼ同額となった。

その後、何度もデータを見返してみたが、分析に追加できそうな変数は思いつかなかった。決め手がないまま、何日も過ぎ、宮田は完全に行き詰まってしまっていた。

そんなある日、退院した京橋が職場に現れた。退職の挨拶をするためだ。

京橋は宮田を見つけて少し話を聞くと、いたずらっぽく笑って言った。

「自分の目で現場を見たのか？」

現場を見たことによる発見

宮田は職場の近くにある、立地条件がほぼ同じだが、売上に差がある店舗をいくつかピックアップして、車を走らせた。

その途中、信号待ちをしていた交差点の先に、反対車線沿いにあるコンビニエンスストアが見えた。

信号が青になったにもかかわらず、宮田の車はなかなか前進できなかった。前を走る数台の車が、反対車線にあるコンビニエンスストアに、車線を越えて次々に入っていくからだ。

「2車線あったら、詰まらなくてすむのにな」と思った次の瞬間、宮田はハッとひらめいた。

「車線の数だ」

データサイエンティストの背中

宮田はピックアップした店舗の店長に、単に駐車場に入ってくる車の台数のうち、反対車線から入ってくる台数も計測できるよう、センサーの設定を変更してもらうように頼んで帰った。

後日データを確認してみると、片側1車線より2車線の道路の方が、反対車線から店に入ってくる車の台数が多いことがわかった。新規出店にも活かせるデータだ。

「時間帯ごとの道路の混雑具合も考えないとな」

データサイエンティストとして追う京橋の背中が、はっきりと見えた気がした。

4　営業のスキルを底上げせよ（データサイエンス力編）

登場人物
光村：大学の准教授
根津：大手製薬会社の営業職（ＭＲ）

「まったく役に立たない研修だったな」

講義を終えた後、忘れ物に気がついて大会議室に戻った光村は、受講者の一人が吐き捨てるように言った、自らの講義に対する辛辣な評価を聞くことになった。

「先生のお話は、ウチの社員にはレベルが高過ぎたんですかね……」

慰めるように研修部の担当者は言ったが、光村はひどく落ち込んでいた。

大学の講義と企業研修の違い

光村は子供のころ神童と呼ばれた秀才で、特に数学の成績が群を抜いていた。有名進学校から大学院の博士課程まで難なくストレートに進み、助教から准教授に史上最速で昇進した。

専門は、現実世界にある人と人とのつながりといった複雑なネットワークを、極めて単純な数式で説明する「スモールワールドモデル」である。

大学の最初の講義で、学生に興味を持ってもらうために光村が話すのが、「人は自分の知り合いを6人以上介すると、世界中の人々の誰とでも知り合いになれる」という有名な理論だ。光村が学生だったころ流行していたSNSのブランド名は、この理論にちなんで命名された。

大手製薬会社の営業職といえども、データサイエンスのシロウトであることに変わりはないのだから、初回の講義はツカミとして面白い話を、と配慮したつもりが、完全にスベってしまった。

二極化する営業成績

大手製薬会社の研修部長は、光村の大学の社会人向け講座の、かなり年上の教え子だった。統計の専門的な内容を分かりやすく説明できる光村の能力にほれ込んだ彼が、自社内の研修講師とデータ分析のアドバイザー就任を依頼してきた。

製薬会社の営業職はMRと呼ばれる。MRとは、Medical Representative（メディカル・リプレゼンタティブ）の略語で、日本語訳は「医薬情報担当者」だ。

病院などの医療機関に薬を直接販売するのではなく、医師などの医療従事者が薬の導入を決定するための情報を提供することが特徴だ。

一度、新しい薬の導入が大病院で決まろうものなら、莫大な売上が会社にもたらされる。だから製薬会社は、MRに様々な交渉術やメンタルトレーニングといった手厚い教育をほどこし、加えて営業成績や性格診断などの結果によって営業先や配属先を考慮するなど、人材に対するケアに投資を惜しまない。

しかし、どれだけケアを手厚くしても、売れるMRのグループと売れないMRのグループに、どうしても分かれてしまう。

驚くほど高額な報酬を提示されていた光村は、データ分析によってその課題を解決し、報酬に見合った結果を出したいと思っていた。

トップ営業のマインド

「隣の席、よろしいですか？」

光村は社内のカフェテリアでくつろぐ根津に声をかけた。

根津は光村の講義に辛辣な評価を下したあの受講者だ。研修部から聞いたところでは、営業成績はトップクラスとのことだ。

最初は警戒感を示していた根津だが、光村が会社に来た経緯や解決したい課題などを正直に話すと、次第に打ち解けてきた。

「最初から薬の話はしないですね」

特に高額な商品を扱う営業の世界では、顧客との面会でいきなり商品説明から入るのはご法度とされている。「そんな商品いらない」と言われてしまうと、それ以上話ができなくなってしまい、顧客との会話の端々から重要な情報が引き出せなくなるからだ。これは社内の研修の最初の段階で教わることだ。

しかしビジネスの経験がない光村には、基本的な話でも新鮮で面白く、食い入るように話を聞いていた。

それに気を良くした根津は、会社への愚痴まで話しはじめた。

「自分が必死に働いて貯めたノウハウをタダで提供しろなんて、おかしな話だと思いませんか？」

根津が言うには、営業成績が良い者ほど、成約に至ったプロセスの報告が数多く求められ、社内研修の講師として駆り出されることまで増える。しかし、そのこと自体が給与や昇進など、待遇に反映された形跡は見えないとのことだ。

「電話するタイミングとか、売りたい薬の話を切り出すタイミングとか、言葉で表現できないことも多いんだよなぁ」

集めているだけのデータ

営業でアポイントを取るための電話音声は、すべて録音されている。そう根津から聞いた光村は、情報システム部門の担当者に会いに行った。

電話音声はデジタルデータとしてクラウドサービス上にすべて保存されており、どのMRのデータであるかはもちろん、顧客情報やMRの営業成績を管理するシステムとも連携していた。さすがは大手製薬会社である。

光村は興奮して担当者に尋ねた。

「素晴らしい！ このデータを、どのように活用しているんですか」

「活用ですか？ いえ、特に何も……」

光村は唖然として言葉を失った。

協調フィルタリング

光村は営業電話の音声データが、時系列で波の形に表された画面をパソコンで見ていた。

会話が途切れたことはもちろん、顧客との話が盛り上がったのか、MRが一方的に話していただけなのか、実際に音声を聞かなくても一目瞭然だ。

「MRと営業先の相性って、どうなんだろう？」

ＭＲは、他のＭＲの営業先と重複しないように、顧客情報システムから顧客のデータをダウンロードして営業先リストを作る。

ＭＲ個々人の経験や実績、営業スタイルが「足で稼ぐ」積極型なのか「下調べを十分にする」分析型なのか、音声データの波形など、類似した行動パターンを持つもの同士は、成績を上げやすい営業先も似ているのではないか？　というのが光村の立てた仮説だ。

この仮説のもとになっているのは「協調フィルタリング」という考え方であり、大手通販サイトで「この商品を買った人は、この商品も買っています」と推薦してくる機能に応用され実績を上げているものだ。

つまり、根津のようなトップグループにいるＭＲの営業先の選び方や営業スタイルを、下位グループのＭＲに文書で伝えたとしても、期待は薄いということだ。

光村は大手通販サイトで使われているものと、ほぼ同等のソフトウエアが使用および改変が無償で可能なオープンソースとして、インターネット上で入手できることを大学の研究を通じて知っていた。そして、プログラムのどの部分が統計の公式に相当し、どうすれば用途に応じた改変が行えるかということも。

データサイエンティストの本当の力

光村による「営業先リスト作成システム」は、下位グループの売上を見事に底上げする効果を発揮し、社内で評判となった。

その噂を聞いた根津がカフェテリアにいる光村を見つけて声をかけた。

「先生、一体どんな魔法を使ったんですか？」

「すべてはデータサイエンスの力です、ってカッコつけて言いたいところではあるんですが……」

光村はそう言うと、恥ずかしそうに頭をかいた。

5　シミュレーションツールを普及させよ（ITソリューション編）

登場人物
大木：データサイエンス業務を専門とするコンサルタント
池上：ITソリューション会社のコンサルタント

大木は、ある業務改革のプロジェクトで、改革案の妥当性を数式によって説明しようとしていた。

しかし、同僚たちからは、

「数式？　何それ？」

「お前の説明は、いつも難しすぎるんだよ……」

と、いつものように言われてしまった。同僚たちからは「気難しい学者」という扱いだった。

そのような日々を悶々と過ごしていた大木は、電車内である広告を目にした。ITコンサルティングやシステム開発を手掛ける大手ITソリューション会社の求人だった。データサイエンティストを中途採用で募集しているという。

大木は家に帰るとすぐ、パソコンで募集サイトを開き、経歴などを入力した。データサイエンティストは引く手あまたのご時世ということもあり、転職はトントン拍子に決まった。

データサイエンティストの育成基盤

「大学院で統計やってて、Python も使えるなんて、最強じゃん」

転職先で採用の担当者にデータサイエンティスト同士の会合があるからと、言われるがまま参加した大木に、同じ事業部の池上が声をかけてきた。

元々ITソリューションの会社であるため、データサイエンス事業の歴史は浅いが、コンサルティングやシステム開発のスキルにプラスして、データサイエンスを独自に学んで仕事に結びつけてきた社員が増えており、その数に合わせてデータサイエンス関連の研修メニューや表彰制度などが充実してきているとのことだ。

大木にとって有難かったのは、直接業務に関係がなくても、データサイエンティスト同士がつながれる社内SNSや、四半期ごとにデータサイエンティスト同士が業務ノウハウなどを共有するための大規模な会合があることだ。

この会合やSNSで仲良くなったデータサイエンティスト同士がチームを組み、世界的なデータ分析コンペティションであるKaggleに参加することもあるそうだ。

簡単な自己紹介をしただけで、池上からあのように声をかけてもらえたことに、大木は感動していた。

ブラックボックス化した分析ツール

新しく入った会社は産業ごとに事業部が分かれており、大木は製造業の顧客を担当する事業部に配属された。

事業部では、世界的な建設機械メーカーの情報システムの開発や運用を一手に引き受けていた。

世界各国の建設機械の需要予測といったデータサイエンス関連の業務は、もともとは国や機械ごとに割り振られた、建設機械メーカーの購買部門担当者がそれぞれ独自の方法で予測していた。

建設機械メーカーは世界中から調達する部品や原材料、人員などを計画する。そのため、需要予測には高い精度が求められる。しかし、担当によって分析方法がバラバラで、会社として統制が取れておらず、分析の精度も低かった。

そこであるデータ分析ツールのメーカーのデータ分析パッケージソフトが採用された。分析自体もそのメーカーに依頼することとなり、分析の精度は上がった。

しかし、データ分析は精度が高ければそれだけでいいというわけではなく、ツールの中で行われている分析の中身が説明できることや、ツールが使われる国や地域によって分析方法が柔軟に調整できる必要もある。

そのメーカーのパッケージソフトは、分析に使っているモデルやプロセスがブラックボックス化していて、ユーザーに見えにくいことや、建設機械製造と関係が薄い変数が分析に使われていることなどが問題視され、分析ツールメーカーに厳しい改善要求が出されていた。

それに対して、分析ツールメーカーはその改善要求を拒み続けたため、建設機械メーカーとの契約が打ち切られることになった。

「……というわけで付き合いの長い弊社にお鉢が回ってきたってわけ。どうにもならなくなってから、最後の手段みたいに回ってくるんだよなぁ。ウチが逃げないって分かってるから」

池上は呆れたような口調で言った。

オープンソースを有償ツールに近づける

池上は元々、分析用に集められた大容量のデータを、データベースを駆使して管理するシステムエンジニアだった。

業務でデータの抽出や簡単なデータ加工を任されるうちに、データ分析ツールに習熟していった。

統計をきちんと学んだことはなかったが、分析に必要なソフトウエアやプログラムをまとめたライブラリは、オープンソースとして無償でインターネット上にあふれており、分からないことはコミュニティサイトでいつでも尋ねることができた。

池上はいままで分析ツールメーカーが提供してきたことを、これらの方法で再現しようとしていた。

しかし、同じ分析が行えるよう、すべてのものを揃えたはずなのに、予測の精度を上げられずにいた。

また、世界各国の景気や消費者の動向といった変数を柔軟に反映することも難しく、顧客の各海外拠点が望む形にツール化することにも苦慮していた。

パソコンの前でうなだれる池上に大木が声をかけた。

「オープンソースを有償で販売されているツールのレベルに持っていきたいんでしたら、設定だけじゃなくって、オープンソースの中身もちゃんと見た方がいいですよ。どうやってデータをコントロールしてるか分かるので」

池上は飛び起きて大木を見つめた。

「あと、変数が色々あって、変わることも多いなら、ベイズ統計を使いませんか」

ベイズ統計は、あることが起こったら、事前に予測した確率をどんどん置き換えて分析する柔軟性が特長であり、人工知能など、様々な分野で応用されはじめている。

従来の統計が、調査対象の性質は「こういうもの」だと定め、データがどのような分布になるかを統計の公式と照らし合わせ、必要なデータ数を決める、という冗長なプロセスを取るのとは対照的だ。

そして、データ分析を解釈しやすい形で表現でき、ブラックボックス化も防げるのだ。

池上はおもむろに上司に電話をかけはじめた。

「例の件、なんとかなりそうです。優秀な相棒が見つかったんです。データサイエンティストですよ。ほんまもんの」

6　データサイエンスで大企業に対抗せよ（中小企業編）

登場人物
篠田：温泉旅館経営者
神田：システム開発会社のコールセンター事業部部長

「旅館、廃業されるおつもりですか？」

篠田は大手旅行代理店の担当から電話で皮肉たっぷりに言われた一言を思い出し、露天風呂に置かれた庭石を睨んでいた。

篠田は東京の大手システム開発会社で営業課長をしていたが、先祖代々営んでいた温泉旅館を経営する父が体調を崩したことをきっかけに、田舎暮らしにあこがれる妻と娘を連れて家業を継ぐことにした。

大手旅行代理店頼みの旅館経営

大手旅行代理店のパンフレットに掲載してもらえるかどうかが、大都市から遠く離れた温泉街の生命線だ。パンフレットにない観光地は存在しないに等しいからだ。だから地元の観光協会や旅館組合は代理店の担当者の接待に精を出す。パンフレットの掲載面をより大きく確保するためだ。そのことが売上に直結することが分かっているから、代理店は強気になる。代理店経由で決まった宿泊枠に対する手数料はじわじわ上がり、旅館の経営を大いに圧迫している。それなのに前日のキャンセルや当日の料理内容といった直前の変更に拒否権はない。客を向かえる準備や作りはじめた料理がすべて無駄になるにもかかわらずだ。

日ごろのうっ憤もあり、代理店の担当者との電話で反射的に出てしまったのが「御社との取引は控えさせていただきます」の一言だった。

そして返ってきたのは、あの皮肉である。

インターネットでデータを収集

インターネットの旅行代理サービスサイト経由で来る予約は年々増えているものの、代理店経由の4分の1にも満たなかった。それに代理店ほどではないものの、サイトにもそれなりの手数料は持っていかれる。

篠田は自分の旅館のホームページやSNSの公式アカウントを作って、直接集客しようと決めた。若いころシステム開発会社で顧客のインターネットサイトの運用を任されていたこともあり、何でもインターネットで調べるのが習慣になっていた。

そこで驚いたのが、子供のおこづかい程度の月額料金で利用できる予約受付やアンケートといった、クラウドサービスの豊富さだ。加えて大手旅行代理店のシステムと見間違うような顧客管理システムやコールセンターシステムまである。

「これで行ける」と思ったが、いざ集まった膨大なアンケートのデータを前に、呆然と立ち尽くしていた。

テキストマイニングと因子分析

篠田はシステム開発会社時代の同期で、いまはコールセンター事業部の部長を務めている、データサイエンスに明るい神田に助けを求めた。

「とりあえずテキストマイニングしてみたら？」

言葉だけは知っていたので、インターネットで調べてみたら、多くの大学院生が研究で使う無償のテキストマイニングツールがあることが分かった。

早速、ツールにアンケート結果や電話音声をテキストデータに変換したものなどを読み込ませ、分析を開始した。

ツールを使えば、脈絡のない大量のテキストデータが自動的に、動詞や接続詞といった単語レベルに分割され、「本を読む」と「読書する」といった同じことを意味する表現が同一化される。このような処理はステミングと言うらしい。

テキストマイニングは、このようにステミングされたテキストデータから、単語の類似度や出現頻度、この単語にはこの単語がセットで出てくるといった共起度などを数値化してくれる。

インターネットの情報を頼りにアンケートの分析作業を繰り返しているうちに、宿泊客の期待は、「肩こり」や「外傷」といった温泉が持つ効能ではなく、昔ながらの温泉街のノスタルジックな雰囲気であることが分かってきた。

ここの温泉街は、その昔、有名な戦国武将が戦で傷ついた兵士を癒やすために「隠し湯」にしていたといういわれを思い出した。その人里離れてひっそりとした雰囲気が、いまでも根強いファンを持つ理由だろう。SNSにも戦国武将に関する書き込みが多くある。

神田は「その程度のデータの数じゃ、特徴量は出せないな」と言った。特徴量とは、データによって割り出された傾向が統計学的に意味を持つことらしいが、そこまで分からなくてもいい。

篠田はいま、旅館の設備やサービスの内容をリニューアルするために、アンケート調査の項目を考えている。この旅館が持つあらゆる要素を洗い出し、項目に落とし込もうとしている。

たとえば「戦国武将が好きだ」「ひっそりとした雰囲気が好きだ」という質問の両方に高得点で回答した宿泊者は「隠し湯にちなんだ離れの部屋や郷土料理を求める」というふうに仮説を立てる。実際に宿泊の満足度が高ければ、仮説は定説に変わる。

昔、大学の一般教養科目で単位を取り損ねた統計学で、因子分析というのがあったが、つまりはこういうことらしい。

「分かりにくく教えやがって」と教授の顔を思い出して毒づいた篠田は、次の瞬間には不敵に笑っていた。

「いまに見てろよ」

第5章

データサイエンティストが拓く未来

1　不足するデータサイエンティスト

データサイエンティストの裾野の拡大

データサイエンティストの現状について整理しておきましょう。データサイエンティスト協会が２０２０年に実施した現役データサイエンティストや企業へのアンケート調査結果から抜粋しています。（以下、特に断りがない限り、データサイエンティスト協会の調査は２０２０年に実施した調査結果を用いています）

男女比をみると女性の割合は11％となっています。圧倒的に男性が中心の職種です。ここ数年の動向をみても、女性の比率は10％前後の結果となっており、大きな変化はないようです。年齢層別でみると、20代：12％、30代：30％、40代：29％、50代：20％、60代：９％となっており、近年は50代以上の割合が増加傾向です。２０１５年時点では50代以上の割合は16％であったのに対して、２０２０年では29％になっています。データサイエンスやデジタルと聞くと若者中心の印象を受けますが、近年では年齢が高まってきているという特徴があります。

平均年収は７９１万円です。ここ数年、大きな変化はないようです。年齢構成比がやや若者の割合が高いことを考慮すると、一般のビジネスパーソンと比較して、待遇面の条件は良いと考えられます。

データサイエンティスト協会が実施した「データサイエンティストの採用に関するアンケート」では、中途採用でデータサイエンティストを確保している企業が増加傾向にあります。企業側も人材確保のために、積極的な中途採用を行っているようです。転職市場をみても、待遇面で条件の良い募集が多く、売り手市場となっています。データサイエンティストの中途採用市場は、今後もますます活発化していくでしょう。

データサイエンスの業務に取り組んでいる期間としては、1年未満が11%、1～2年以上が25%、3～4年以上が22%、5年以上が43%となっています。近年では3年以上の比率が高まっており、データサイエンス業務に関わる期間が長期化する傾向にあります。データサイエンティストは、ある程度の専門性を必要とする職種であり、簡単に異動させられるような業務ではないということの表れだと考えられます。

これらの調査結果をみると、データサイエンティストという職種は、現時点では、専門性が高く、一部の人に限定されているように見えます。しかし、今後の動向をみると、年齢層の拡大に代表されるように、データサイエンティストに関心を持つ層が拡大しています。企業側も、社内育成だけではなく、新卒、中途ともにデータサイエンティストの確保に積極的になっています。

このことは、「データ分析の民主化」や「市民データサイエンティスト」と呼ばれる動きを表しています。すべての業界、すべての社員がデータサイエンスに取り組み、ビジネスを変えていくという動きです。以前は一部の専門知識を持つ層に限定されていたデータサイエンスという分野が、一般の人でも取り組めるように変化してきています。データサイエンティストの裾野は大きく拡大している局面にあります。

動き出すデジタル庁とデータサイエンス

2021年9月、日本のデジタル化を推進することを目的に「デジタル庁」が発足しました。行政や産業社会のデジタル化・オンライン化を推進するための活動が期待されます。その活動の中でも、データに対する取り組みが重視されており、データ戦略タスクフォースとして、データによる新しい価値の創造が提言されています。

近年、**DS**（Data Science）と**DX**（Digital Transformation）という２つの言葉が同時に流行しているため、２つの「D」を同義と勘違いされることが多いのですが、同じ意味ではありません。

デジタルとは関係のないデータサイエンスもたくさんあります。たとえば、大量のアンケートデータ、疾病や感染症に関するデータ、テキストマイニングや機械翻訳などの分析です。これらはコンピュータを使って効率的に分析できるようになりましたが、データ自体は昔からあったものであり、生活のデジタル化が進むことで新たに取得できるようになったデータというわけではありません。

一方でデジタル化の進展は、データサイエンスに直結することが多くあります。デジタル化が進むことで、新たに取得できるデータは莫大に増加します。そのため、データサイエンスと関係することが多いのです。ＤＳはＤＸとは関係なく必要なものですが、ＤＸといえばＤＳも重要になってくると言えます。

デジタル庁の発足はデータサイエンスに直結する問題です。行政や産業社会のデジタル化が進むことで、必ず、これまでにない新しいデータが取得できるようになります。あるいは、いままではバラバラだったデータがデジタル化によって連携できるようになります。簡単に言えば、健康保険証、年金手帳、免許証、ワクチン接種証明などのデータが、マイナンバーという横串のデータで連携されるようなイメージです。さらに、スマートフォンの位置情報データや、クレジットカードの明細などの民間企業が持つデータの紐付けも可能になります。デジタル庁がこれらのデータの連携を推進すればするほど、データサイエンティストに対するニーズは高まります。

AIでなくなる仕事とデータサイエンティスト

前章までの内容で、データサイエンティストの仕事内容についてはイメージしやすくなったかと思います。それでは、データサイエンティストという職種は、この後、どうなっていくのでしょうか。

AI（人工知能）で将来の仕事・職種が大きく変わると言われています。「定型的な」仕事

図表 5-1　人工知能やロボット等による代替可能性が高い労働人口の割合

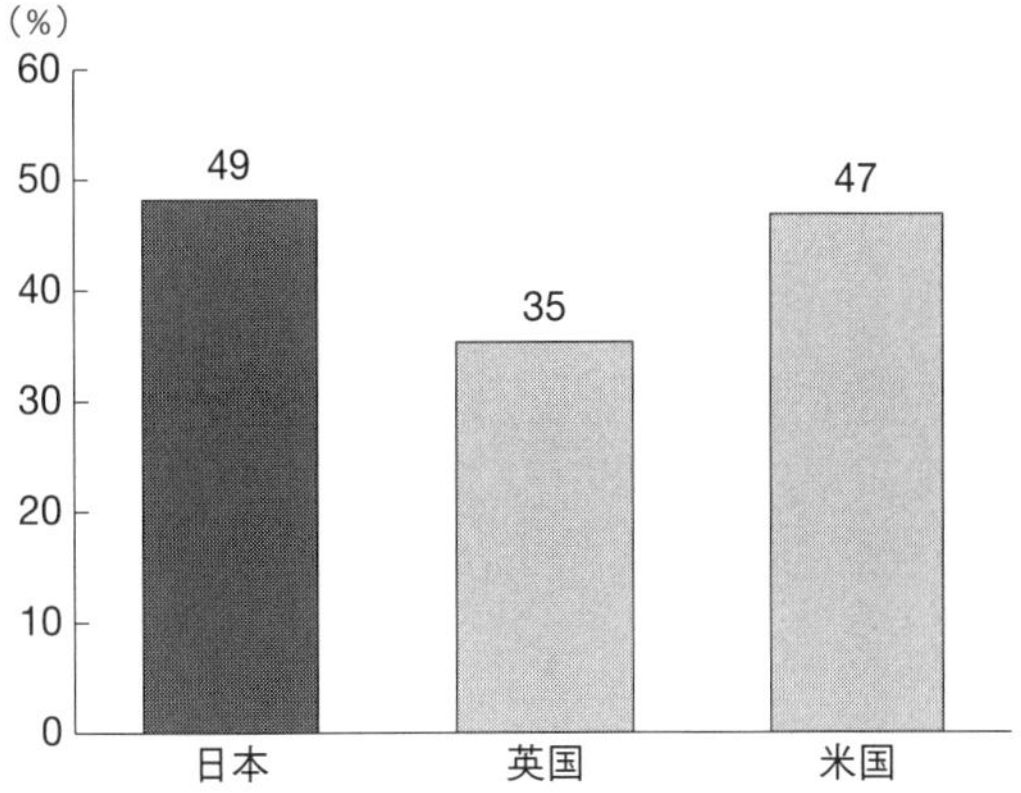

注）米国データはオズボーン准教授とフレイ博士の共著 "The Future of Employment"（2013）から、また英国データはオズボーン准教授、フレイ博士、およびデロイトトーマツコンサルティング社による報告結果（2014）から採っている。

［出所］野村総合研究所（2015年12月2日ニュースリリース）

については、データさえあればＡＩに置き換えることが可能と考えられています。仕事がなくならないまでも、大幅に簡略化されたり、効率化されることで、その職種に必要な人の数は減少するでしょう。

野村総合研究所では、日本の労働人口の49％がＡＩやロボットで代替可能という試算を行っています。日米英の3カ国で比較をしており、特に日本では、ＡＩで代替できる仕事についている人の割合が高いという試算を行っています。

このレポートの中では、ＡＩで代

替される具体的な職種として、一般事務員、オペレーター、警備員、建設作業員、スーパー店員、電車運転士、電気通信技術者などをあげています。また、他の論文では、弁護士などの専門知識を有する仕事でも、ＡＩで仕事のやり方が大きく変わると指摘しているものもあります。弁護士の文書作成などの業務はＡＩに代替されるでしょう。さらに、過去の判例に基づいて訴訟の内容を考えるような業務についても、ＡＩの助けをかりて相当な効率化が可能だと考えられます。

専門的な知識を持つ限られた人しかできなかった仕事が、必ずしも専門知識を持たない人でもできるようになると言われており、弁護士という専門職でも業務内容が大きく削減、変化していくものと考えられます。

ＡＩによって削減される仕事の多くは、背景に「データ」があります。過去のデータを整理・分析することで、人に代わってノウハウを蓄積し、効率的な検索の仕組みを作ることで、人が行っている仕事を代替することができるのです。データがあるからこそ、仕事が削減・変化するのです。

膨大な判例のデータベースの中から、適切な事例を抽出し、訴訟戦略を立案する弁護士の業務を想像すれば、データの重要性が理解できると思います。ＡＩで変化する仕事の背景には、データを整理・分析できるデータサイエンティストが必須なのです。

ＡＩ時代の到来は、データサイエンティストの仕事を増やし続けると言えます。

「機械学習」が求める頭脳

データサイエンティストの業務内容として、最も注目されるのが「**機械学習**」です。

機械学習とは、データを分析する方法の1つで、データから、「機械」（コンピュータ）が自動で「学習」し、データの背景にあるルールやパターンを発見する方法です。学習した成果に基づいて「予測・判断」することで、ビジネスの業務効率化などが行われています。

関連する用語で、「ＡＩ（人工知能）」や「ディープラーニング（深層学習）」があります。「ＡＩ（人工知能）」を実現するためのデータ分析技術の1つが「機械学習」で、「機械学習」における代表的な分析手法が「ディープラーニング」です。概念の広さでいうと、ＡＩ＞機械学習＞ディープラーニングという関係です。

機械学習で重視されることは予測の精度です。データの背景にあるルールを「正しく説明できているかどうか」ではなく、「より正しく予測できているかどうか」が重視されます。機械的に予測精度の高いモデルを構築するために、予測モデルがモデルの開発者にとって納得性を欠く場合もあります。一方で、従来の統計学による仮説検証型のデータ分析では見つけられなかった「新しい発見」ができるという特徴があります。

機械学習では、機械が学習しますが、その学習をサポートするのがデータサイエンティストの役割です。データの特徴を見ながら、適応させるアルゴリズムを検討したり、機械が学習するための方法・順番を機械に命令するなどの役割を担います。機械学習の成果がＡＩの基礎になっています。

機械学習の技術が進化すれば、人（データサイエンティスト）は不要になり、機械が自動的に学習してモデルを作れるのではないかという議論もあります。遠い将来には、その可能性はゼロではありません。しかし、現実的には、人の手を介さずに、すべて機械が自動的に学習するのは不可能です。

その理由としては、分析の元となるデータが非定型なことがあげられます。たとえば、ウェブのアクセス履歴のデータは、アクセスしたアドレスの情報だけの場合もあれば、そのページに表示されたすべての画像情報や、アクセスした人の属性情報までデータとして格納されていることもあります。収集されたデータの何番目の項目に、何の情報が入っているのかがデータによってバラバラなのです。定型化されたデータであれば、機械だけで自動的に学習することができますが、世の中にあるデータの多くは非定型で、それを機械が分析できるような形に定型化することが必要です。そのためにデータサイエンティストの頭脳が必要になってきます。

また、機械が自動で学習するだけでは「風が吹けば桶屋が儲かる」ような分析をしてしまうことが考えられます。データだけみれば関係があるようにみえるものの、その関係を定量化してもビジネスなどに応用できない分析をしてしまう場合です。人間の感覚では気づかない新しい発見ができる可能性はありますが、それ以上に目的に応じた分析でなければ意味がありません。それを手助けするのがデータサイエンティストです。

ＡＩが高度化すればするほど、レベルの高い機械学習が求められます。それを支えるためにもデータサイエンティストが必須なのです。

求められるのは「機械学習」か「統計学」か

機械学習と統計学は似て非なるものです。「機械学習」は、機械が自動的に学習するものであるのに対し、「**統計学**」は、データのルールやパターンを統計的に判断するものだと言えます。ここでいう「統計的に」とは、確率的に正しいかどうかを判断するという意味です。ただし、現代においては、統計学の世界においても、コンピュータの活用は当たり前のことですし、明確に線を引くことは難しくなってきました。

統計学も機械学習も、データから、ルールやパターンを見つけ出し、モデルを構築するという点では同じです。データ分析の方法ではなく「目的」に違いがあると言われることが多いです。統計学の場合は、データの「説明」を目的としており、機械学習の場合は「予測」を目的としています。

統計学においても回帰モデルなどを使うことで、予測に活用することもできます。しかし、主目的としては、統計学の場合は、データの背景にあるルールをより正しく説明できているかどうかを重視し、機械学習の場合は、より正しく予測できているかどうかを重視しているのです。

機械学習と統計学では、求められる能力は異なります。データサイエンティストに求められる3つの能力（ビジネス力、データサイエンス力、データエンジニアリング力）でいえば、機械学習は「データエンジニアリング力」を重視し、統計学は「データサイエンス力」を重視していると言えるでしょう。大学の学部でいえば、機械学習は「情報学系の学部」であり、統計学は「数学系の学部」です。

このような背景から、機械学習と統計学は「仲が悪い」と言われることもあります。「機械学習は統計学の応用版」という人や、「機械学習は統計学からモデルや仮説検証を引いたもの」と表現する人もいます。しかし、ビジネスでデータを活用するためには両方の専門知識が必要になります。2つの分野にまたがる学際的な知識を持つデータサイエンティストが求められるのです。

不足するデータサイエンティスト

日本にはデータサイエンティストは何人いるのでしょうか。残念ながら公式のデータがないため、データサイエンティストの人数はわかりません。

各企業においてデータサイエンティストの呼び方も様々です。データサイエンティスト協会の調査結果では、同協会に所属しているデータサイエンティストの中でも、社内の呼称として「データサイエンティスト」は23％ですが、「データアナリスト」は13％、「コンサルタント」・「エンジニア」・「プログラマ・ソフトウエア開発者」はそれぞれ10％となっており、業務内容はデータサイエンスであっても呼称は様々なようです。そのため、データサイエンティストの正確な人数を把握することは難しくなっています。

データサイエンティストの人数を推計したデータとしては、経済産業省がＩＴ人材の需給状況について調査した結果があります。この調査の中で、ＡＩ、ビッグデータ、ＩoＴなどの新しいビジネスの担い手として、従来型のＩＴ人材とは別に、「先端ＩＴ人材」を定義し、その人数を推計しています。先端ＩＴ人材の中にはデータサイエンティストも含まれており、データサイエンティストをめぐる需給バランスを考える上で参考になります。

調査結果をみると、データサイエンティストが含まれる先端ＩＴ人材は、２０２０年の時点では12・2万人、７・8万人不足となっています。２０３０年には人材数は35・1万人ま

図表 5-2　IT 人材の人数と不足数

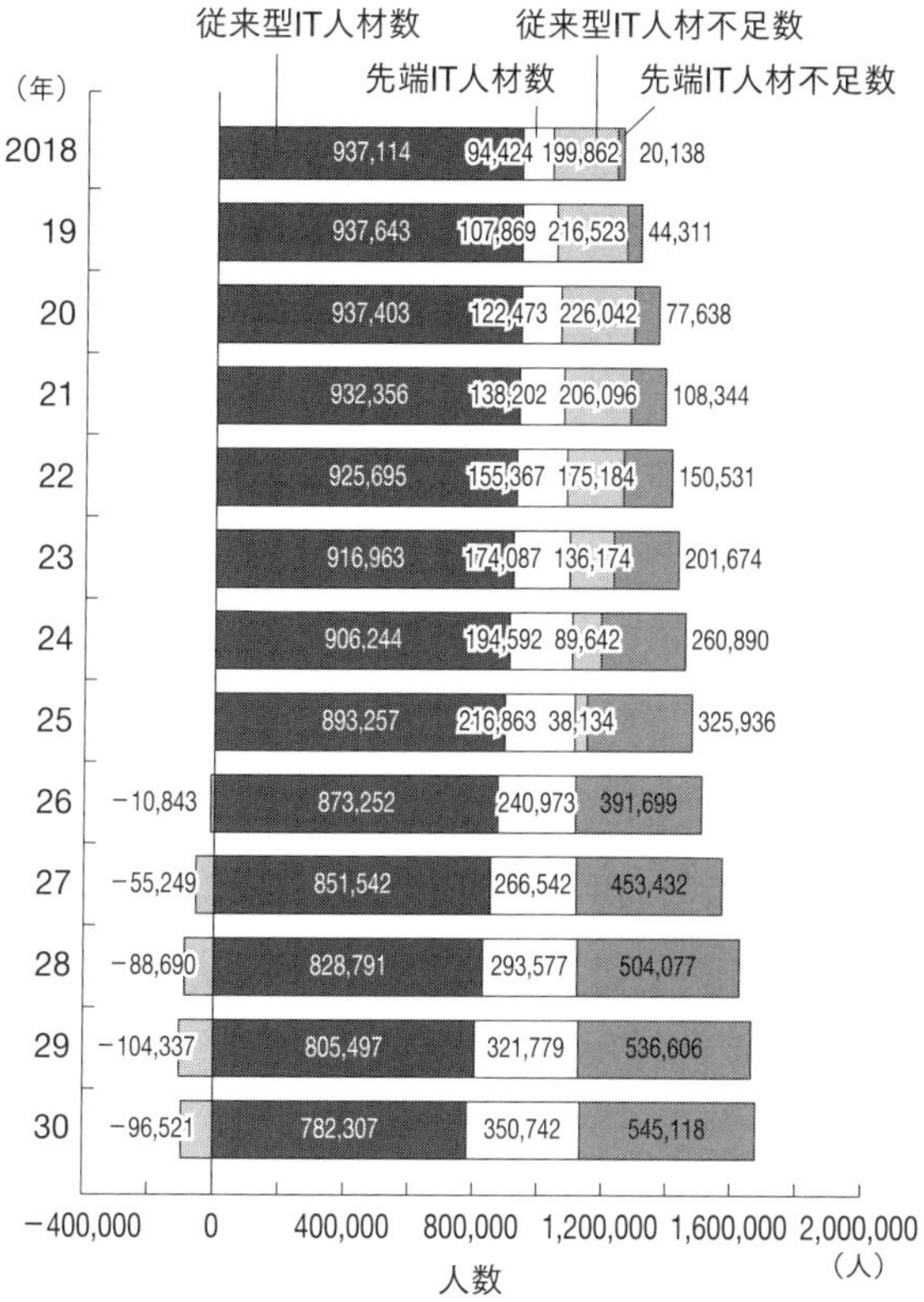

※予測値は IT 需要の伸びを「中位」とし、生産性上昇率を「0.7%」と仮定した場合

［出所］「IT 人材需給に関する調査」（経済産業省）

で増加しますが、54・5万人もの不足が予測されています。従来型ＩＴ人材は需要が頭打ちになることもあり、人数の不足はありません。これからは、データサイエンティストを含む先端ＩＴ人材が大幅に不足すると予測されています。

先端ＩＴ人材のすべてがデータサイエンティストではありませんが、少なくともデータを活用した人材であることは間違いありません。それらの人材の供給は徐々に拡大されていきますが、それ以上にデータサイエンティストに対する需要が伸び、圧倒的な人材不足になることが予測されています。

2　追い風となるデータサイエンス教育の変化

教育が間に合っていない理由

データサイエンティストの需要に対して、供給が追いついていかない最大の理由は日本の教育体系にあります。

経済や経営、法律などを学ぶ学部は、日本の多くの大学に存在していますが、データサイエンスを学ぶ学部を持つ大学は少数です。日本初の「データサイエンス学部」は滋賀大学で2017年につくられました。それ以前では、体系的にデータサイエンスを学ぶことができる大学はあまり存在しませんでした。

データサイエンティストに必要な能力は「ビジネス力」「データサイエンス力」「データエンジニアリング力」であると述べました。これに対して、大学の学部を対応させると、「ビジネス力」は経営学部、「データサイエンス力」は理学部（数学科など）、「データエンジニアリング力」は情報学部などが考えられます。データサイエンティストは3つの能力をバランスよく持つことが重要なのですが、この3つをバランスよく習得させる学部がありませんでした。

滋賀大学がデータサイエンス学部を創設して以降、様々な大学で類似の学部ができたり、データサイエンスを学ぶためのカリキュラムを整理するようになりました。名前の違いこそあれ、ここ2〜3年で、有名私大でもデータサイエンスに関係した学部・学科が生まれており、新設ラッシュといっても過言ではない状況です。これらの学部からデータサイエンティストを目指す学生が輩出され、安定的に企業に受け入れられるようになるにはまだ時間がかかりそうです。企業の人材需要が拡大するスピードの方が速いのです。

不足する理系人材

データサイエンスの専門的な知識を学べる場が不足していること以上に深刻な問題が、理系人材の不足と言えます。

社員全員がデータサイエンスに関する専門的な知識を持つことは不可能です。しかし、専門性のあるデータサイエンティストが分析した結果を理解する能力は求められます。必ずしも深い知識は必要ないのですが、データや数字というだけで苦手意識を持つ人が多いようです。

たとえば、ビジネス上の判断で、ある商品の売上実績をみて、さらに生産を拡大すべきかどうかを考える場合を想定しましょう。全国平均の売上は順調に増加しているというだけで判断をしがちですが、エリア別のバラツキなどを考慮することが必要です。

全国平均の売上が増加しているのは首都圏という１つのエリアが売上を大幅に伸ばしているだけであって、他のエリアでは減少しているといったことも考えられます。数学的な表現を使えば「平均値は増加しているが、エリア別の偏差が大きく、中央値は減少している」と言えるかもしれません。データの特徴量を表す指標は平均値だけではなく、標準偏差、中央値、最頻値、誤差、信頼区間など、様々な要素があります。これらの指標を使い分けながらデータの特徴を議論すべきなのですが、このような表現をすることで理解できない（理解しようとしない）人が多いのです。結果として、平均が増加しているというデータだけをみて判断をしてしまう人が多くいます。

この背景にあるのは数学などの理科系の基礎知識を持っていない人が多いことがあげられ

図表 5-3　最終学歴の理系比率の国際比較

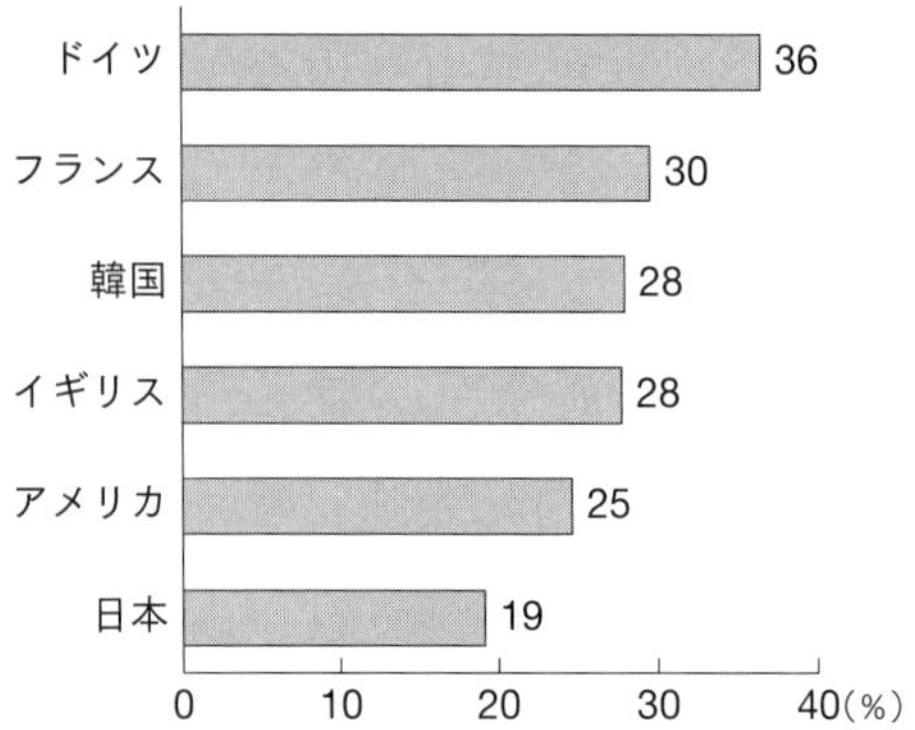

※最終学歴を自然科学、工学と回答した人の割合（農学、医学を除く）
［出所］　国際成人力調査：PIAAC2012（OECD）より野村総合研究所作成

ます。最終学歴の理系比率を国際比較した結果をみると、日本は他の国と比較して、理系比率が低いことがわかります。トップのドイツの36%に対して、日本の理系比率は19%と約半分の水準なのです。

当然、理系の学部を卒業していればよいというわけではありません。しかし、日本の教育制度の実態を考えると、高校の早い段階から、理系か文系かを選び、大学受験の準備をすることが多いのです。受験科目以外を学ぶ時間は最低限にし、より効率的に受験勉強に励むことを優先しがちです。その結果として、高校卒業の時点で数学の知識を忘れている人も多いのではないでしょうか。

最終学歴として理系の比率が低いことに代表されるように、理系科目の教育をしっかりと受けている人が少ないことが問題なのです。それが、日本全体でデータサイエンスの思考を遅らせている要因になっていると言えます。データサイエンスの高次元の教育体系が整備されていないこととともに、基礎的な分野の理解を促進する学習の機会も不足しています。

「AI戦略2019」で示された教育改革

日本政府の「AI戦略 2019」（令和元年6月統合イノベーション戦略推進会議決定）によると、「我が国が、人口比ベースで、世界で最もAI時代に対応した人材の育成を行い、世界から人材を呼び込む国となること」を目標に掲げ、日本におけるAI推進のために、人材育成を重視すると明言しています。これをうけて、数理・データサイエンス・AI教育プログラム認定制度検討会議では「数理・データサイエンス・AI（リテラシーレベル）モデルカリキュラム～データ思考の涵養～」を2020年4月に策定しています。

この中では、文科系・理科系を問わず、すべての大学・高専生（年間約50万人卒業）に対して、「数理・データサイエンス・AI」のリテラシーレベルの教育を行うように提言しています。具体的な教育カリキュラム、教育方法、認定制度なども記載され、非常に実践的なものになっています。日本政府としても、データサイエンスに関わる基礎知識が重要であり、大学・高専生が身につけるべき知識と考えるようになったのです。数理・データサイエンス・AIを「全ての学生が、今後の社会で活躍するにあたって学び身に付けるべき、新たな時代の教養教育とも言うべきもの」とも述べられています。

社会人になったときには、「読み・書き・そろばん」と同じようにデータサイエンスに関する基礎教育を受けていることが当たり前になる時代がこようとしています。裾野が拡大するという意味では、理系人材の不足問題は解決されるかもしれません。

大学生の認知率30%

大学におけるデータサイエンス教育は、まだ始まったばかりですが、少しずつ変化の兆しが見え始めています。特に大学生の「意識」が変わってきています。

データサイエンティスト協会のアンケート調査をみると、大学生のデータサイエンティストという職種の認知率は30%でした。他の職種と比較した結果をみると、システムエンジニ

図表 5-4　大学生のデータサイエンティストの認知率

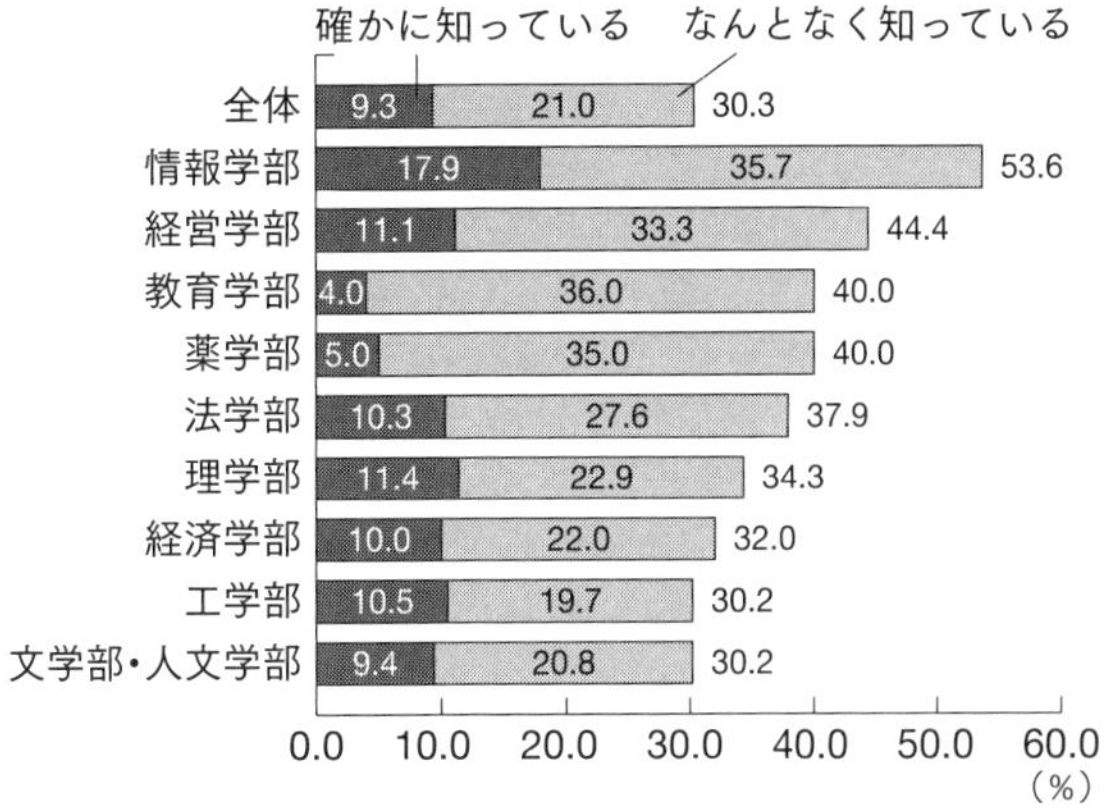

［出所］「学生向けアンケート」（2020年調査）（データサイエンティスト協会）

アの認知率（59%）と比較すると低い水準ではありますが、マーケターの認知率（34%）と比べて大きな差はありません。データサイエンティストは新しい職種ですが、大学生には浸透しつつあると言えるでしょう。

所属学部別の傾向をみると興味深い結果になっています。情報学部などの関連する学部での認知が高くはなっていますが、教育学部や法学部などの文科系においてもデータサイエンティストの認知率は高くなっています。データサイエンティストは理科系の限られた学部にだけ知られている職種ではなく、広く開かれた職種になりつつあると言えるでしょう。

また、アンケート調査では、大学生がデータサイエンティストに将来性を感じる割合も調査しており19%でした。これはシステムエンジニアに将来性を感じる割合と同水準であり、現役データサイエンティストだけではなく、大学生もデータサイエンティストに将来性を感じていると言えます。

これから大学を卒業して、企業に就職する大学生の中には、データサイエンスに関する専門的な教育を受けた人も増えてきます。大学を卒業した時点で、データサイエンスでビジネスを変える素養を持った人たちが就職してくるのです。また、一般教養として、データサイエンスの教育を受けた人も増え、データサイエンス人材の底上げも行われるでしょう。これらのデータサイエンス人材を有効活用できるか否かは、受け皿である企業次第とも言えます。

3　データサイエンスとプライバシー

求められる「個人情報保護」への対応

データサイエンティストにとって、企業の採用面、教育面などで追い風が吹いていますが、逆風となる要因もあります。データ取得に関する規制の問題です。

データサイエンスにとって最も重要な資産は「データ」です。特に、消費者に関する情報(属性、購買履歴、サイトアクセス履歴など)は重要な分析対象となっていますが、プライバシー保護の観点から自由に取得できなくなりつつあります。

個人情報保護法では、**個人情報**を「特定の個人を識別できるもの」と定義しています。「基本4情報」と呼ばれる、氏名・生年月日・性別・住所を収集することで、ビジネスに利用することが可能です。個人情報は、単体ではあまり意味を持ちませんが、連携させることで大きな価値を生み出します。基本4情報に加えて、電話番号、メールアドレス、家族構成、年収などの情報が連携できれば、マーケティング戦略に活かすことができます。さらに、購買履歴、移動履歴、サイトアクセス履歴などの、個人行動に関する履歴などを組み合わせることで、具体的な広告宣伝やプロモーションに活用することが可能です。

これらのデータを活用する際に、OECDのプライバシー原則や、日本における個人情報保護法は、厳しく規制しています。データを安全に管理することは当然のこととして、データの利用目的を特定させる必要があったり、同意なしにデータを第三者に提供できないなどの制約があります。

一方で、これらの情報をデータサイエンスの観点で分析すると、データ収集した時点で想定されていた利用目的以外に、様々な用途で活用できる場合があります。たとえば、ダイレクトメールを送付することを目的に収集した氏名・生年月日・性別・住所・購買履歴などの情報が、後から新商品の需要予測に活用できることが判明した、といった場合です。この場合、当初、設定した利用目的の範囲外となるため、このままでは新しい分析に活用することができません。

このようなデータサイエンスとしての広がりに対応するために、データのプライバシーを保護した状態に加工することで、様々な用途で利用することが認められています。個人情報は「特定の個人を識別できるもの」ですから、言い換えると「個人を特定できない程度に加工」すれば利用可能です。仮名化、匿名化と呼ばれる方法で、データサイエンスに必要な最低限の情報に限定して、個人が把握できないようにします。

仮名化とは、電話番号や住所などの個人が特定できるデータを排除し、実際の個人名をIDコードなどに変換することで、データを持つことです。「○○さん」は、という分析はできませんが、「年収が高い人」や「商品Aを高頻度で買う人」は、という視点での分析が可能となります。

ただし、仮名化しただけだと、残りのデータ（性別、年齢、年収、特定商品の購買履歴など）から、個人を特定できる可能性があります。特に、複数のデータソースを連結することで、個人が特定されてしまう場合があります。それを避けるために、個人が特定できない程度に、情報の幅を広げる形でデータを持つ方法が匿名化です。25歳という年齢ではなく、20代という年代のデータにしたり、年収も500万〜600万円という形のデータで持つなど、情報の抽象度を高めて管理する方法です。25歳といえば一人しかいないデータでも、20代とすれば複数のデータがあるため、個人の特定がしにくくなるという考え方です。

デジタル庁のデータ戦略としても、データガバナンスや連携ルールを重視しており、やみくもにデータの連携を進める前に、個人情報保護を念頭においたルールづくりが喫緊の課題だと定義しています。

データの連携は、新しい価値を生みますが、個人情報の漏洩というリスクも伴います。今後も慎重な検討が進められていくことになるでしょう。

近年、個人情報の漏洩で問題となった例としては、リクナビの内定辞退率に関する事例があります。就職情報サイト「リクナビ」を運営するリクルートキャリアが、就活生のリクナビサイト上の閲覧履歴から内定を辞退する可能性を予測して、企業に販売していたという事例です。収集された個人データをもとに分析した結果を、当初のデータ利用の目的とは違う形で加工して第三者に提供していたことになります。サイトの閲覧履歴から内定を辞退する可能性を予測するという分析は、データサイエンスとしては、たいへん興味深い分析結果であり、自社のサービスを検討するために得られた示唆も多かったと考えられます。ただし、これらの情報を他の目的で勝手に利用することは許されないのです。

2013年にはSuicaの乗降履歴データをJR東日本が販売したことが問題になりま

した。乗降履歴のデータは、消費者の行動履歴を分析して、新しいサービスを考えることに活用できるなど、非常に価値があるデータです。しかし、消費者から、自分の履歴データを勝手に利用されるのは気持ち悪いなどの指摘を受けて、データの販売は取りやめとなりました。実際には個人が特定できるデータを販売するのではなく、匿名化されたデータを販売していたのですが、消費者に対する説明不足などで、理解を得ることができませんでした。このように、法律上はクリアされていたり、データ処理の手続きが正しい場合でも、感情的な部分でもデータ利用の理解を得られないと、「炎上リスク」を持つことになります。

データサイエンティストとして活動する限りにおいては、データのプライバシー保護は重要な課題です。法律の規制も変わりますし、法律の規制外でも倫理的に取得しない方がよい場合もあります。国際的な視点で見ると、各国でプライバシーに対する意識が異なっていることもあり、日本であれば大丈夫という考え方は通じません。データのプライバシー保護の最新動向に注意して、データサイエンスに取り組むことが重要となります。

Cookie をめぐる動向

個人情報保護とデータ取得の関係で、最近、話題になっているのが「Cookieless《クッキーレス》」(以下、**クッキーレス**)の問題です。

Cookie《クッキー》(以下、**クッキー**)とは、ウェブサイトの閲覧履歴を保存しておくための仕組みです。特定のウェブサイトを見た際に、ウェブサイト側から、ウェブサイトを見たウェブブラウザ(Google Chrome、Safari、Firefoxなど)に送られるデータのことです。クッキーのデータをみることで、各ユーザーのウェブサイトのアクセス回数、ログイン情報、インターネット広告の表示実態などがわかります。

クッキー情報は大きく2種類あります。利用者がアクセスしたウェブサイトから直接発行される「**ファーストパーティークッキー**」と、第三者(インターネット広告を出稿している広告代理店など)から発行されている「**サードパーティークッキー**」です。ファーストパーティークッキーが付与されることで、ユーザーは、一度入力したユーザー名やパスワードの入力を省略できたり、閲覧履歴に基づいた情報の提供を受けることができます。一方、サードパーティークッキーを活用することで、インターネット広告との接触状況や、他社のウェブサイトの閲覧履歴を把握することができます。

クッキーレスとは、このクッキーによる情報の取得が規制される動きのことで、「ポストCookie」や「アフターCookie」と呼ばれることもあります。

個人情報保護の観点から、EUやアメリカでは、法律によりクッキーによる情報の取得が制限されるようになりました。また、Googleは2020年1月に、「2年以内にウェブブラウザChromeにおいて、サードパーティークッキーを廃止する」ことを決定し（その後、2023年半ばから段階的に廃止すると発表）、今後、多くのサードパーティークッキーが消滅すると考えられています。さらに、Appleはファーストパーティークッキーも取得制限を強化し、ウェブサイトへのアクセス履歴は7日でクリアするなどの方針を発表しました。

日本の場合は、法的に完全に制約されているわけではありませんが、GoogleやAppleなどのプラットフォーマーによる自主規制や、倫理的観点からの「炎上リスク」などを考えると、日本国内においてもクッキーレスが急速に進むでしょう。個人情報保護の法律以上に厳しい制約になることが考えられます。

クッキーは非常に手軽で便利な技術であり、日本のデジタルマーケティングは、クッキーによる情報取得が可能なことを前提に設計されてきました。当たり前に取得できていたデータが取れなくなるため、デジタルマーケティングの根幹を揺るがす出来事です。

クッキーが取れていたときは、サイトを見ている人が特定できるため、一度サイトを見た人に、もう一度サイトにきてもらおうとするリターゲティングという考え方が中心でした。「人」に着目してインターネット広告などの出稿を考えていました。クッキーレスの時代では、「人」のデータが取れなくなるため、「枠」に注目したインターネット広告が中心になります。そのページにある情報から、そのページにアクセスする人が興味を持ちそうな情報を分析して、そのページ（＝枠）にあった広告を考える方法です。取れるデータにあわせて、戦略の考え方も大きく変換されるようになりました。いかにデータサイエンスが浸透しても、データが取れなくなれば、分析の仕組みを再構築することが必要になります。今後もデータ取得の可能性については注意しておくべきでしょう。

ビジネスにおいてデータサイエンスを活用するためには、データを正しく取得することが大前提となります。これからのデータサイエンティストには、データを取得する段階から専門性を持つことが求められます。

4　データサイエンスがビジネスを変える

データでとらえることの重要性

データサイエンスと聞くと、どうしても難しく考えてしまう人が多いようです。ビジネスにおける付加価値についてデータサイエンスを用いて説明しようとすると「私は文系なので……」とか「数式は苦手なので……」と毛嫌いされてしまうことが多いようです。データサイエンスは特別なものではなく、「データ」をもとに客観的に考えようということが基本です。

『FACTFULNESS（ファクトフルネス）』（ハンス・ロスリングほか著、日経BP）という書籍が、その言葉とともにヒットしました。データによるファクト（事実）をもとに、思い込みをなくして、物事を考えようということを推奨する内容です。

世界における貧困の割合・変化、平均寿命、子供の割合、高齢者比率など、様々なデータを提供しながら、我々の知識不足を指摘し、イメージだけで誤った理解をしてしまっている

図表 5-5　1日あたりのテレビ平均視聴時間の変化

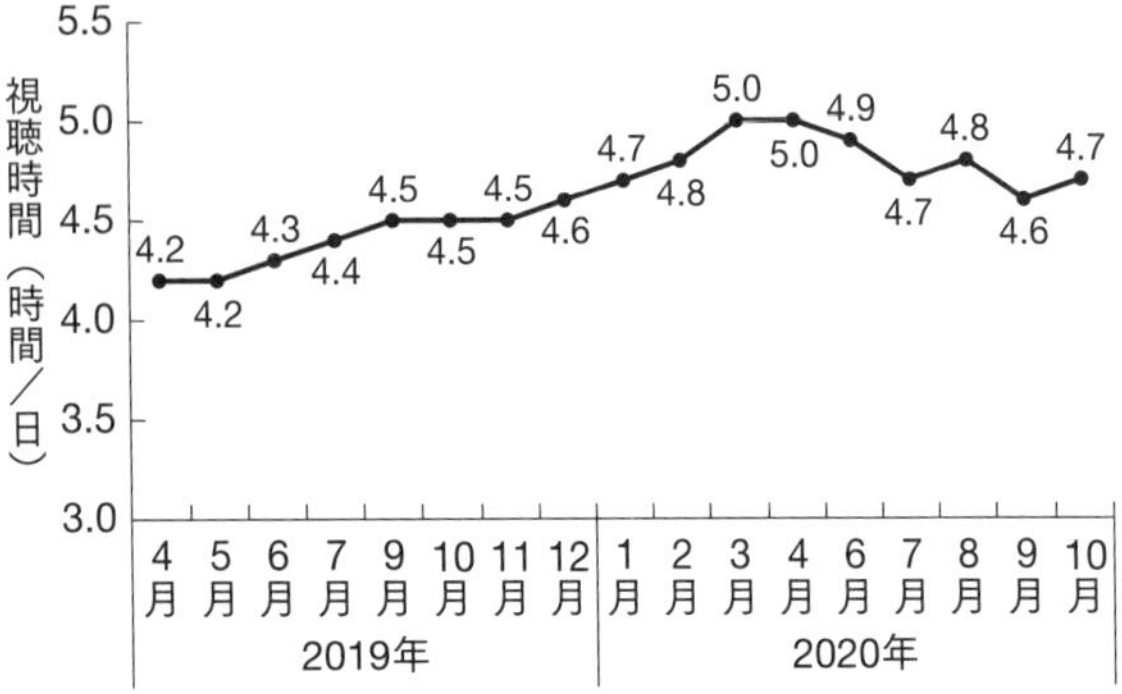

［出所］「インサイトシグナル調査」（野村総合研究所）

ことに警鐘を鳴らしています。この書籍にあるように、まずはデータをもとに客観的に事実を把握しようというのがデータサイエンスの基本です。

ただし、これらのデータは、平均値だけを見ても正しい理解ができません。もう少しだけ、データの内訳についても、理解する必要があります。

具体的な事例を紹介します。新型コロナウイルスの影響により、テレワークや、ステイホームが推奨されました。在宅勤務や旅行自粛などが増え、家にいる時間が長くなりました。その結果、テレビの視聴時間が長くなったと言われています。実際に、新型コロナウイルスの流行（第1波）のときに、テレビの平均視聴時間の変化を見たものが図表5－5です。

テレビの視聴時間の変化を平均値でみると、新型コロナウイルス流行後には、視聴時間が伸びています。平均値は便利な指標であり、一般的に使い慣れているため、目安としてしまいがちですが、平均だけで考えると、企業の広告宣伝戦略を見誤ってしまいます。

たとえば、テレビの平均視聴時間は4・7時間／日ときくと、生活者はみんな4・7時間見ていると考えがちです。「みんな」とは言わないまでも「多くの人」が4・7時間周辺の視聴をしているとイメージしてしまいます。

このイメージは、視聴時間の分布が正規分布に従っていれば間違いではありません。正規分布とは、平均値の付近にデータが集積するような分布で、多くのデータは、このような特徴があると言われています。

実際に、テレビの視聴時間の分布を整理したものが図表5－6です。新型コロナウイルス流行前・後で、1時間単位で視聴時間の分布を整理しています。いずれの時点をみても、平均値周辺にデータが集積する正規分布にはなっていません。1時間の視聴者や、1日あたり10時間を超えて視聴している人が多くなっています。平均値（4〜5時間）の周辺に少しだけデータが集積している傾向もみられますが、1〜3時間の視聴時間の人が多いという特徴

図表 5-6　1日あたりのテレビ視聴時間の分布

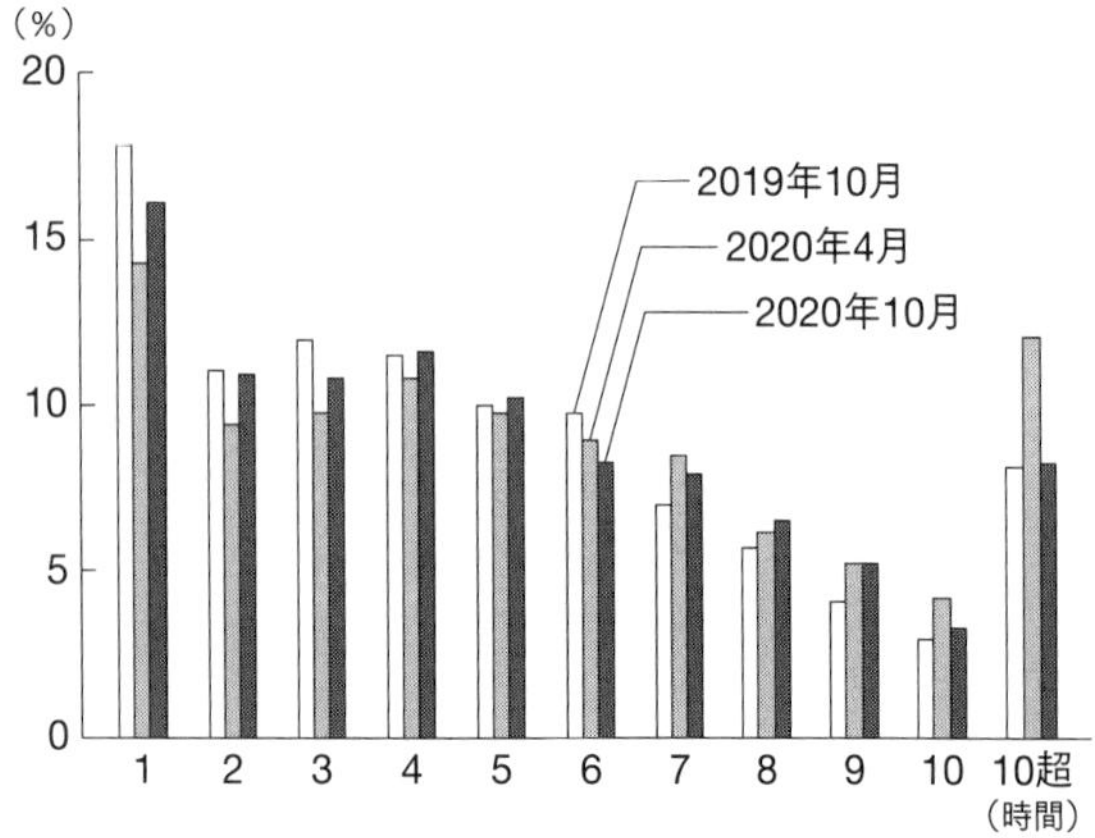

［出所］「インサイトシグナル調査」(野村総合研究所)

もあります。この分布の結果、平均値（2020年10月の場合は4・7時間）になっているだけであり、生活者の多くが4・7時間の周辺の視聴をしているわけではありません。平均的に4・7時間の視聴があるからというイメージでテレビCMの広告出稿を考えることは危険なのです。

視聴分布をもとに、新型コロナウイルスの影響をみてみましょう。第1波の流行期（2020年4月）では、全体的に視聴時間が長くなっている傾向もありますが、平均値の増加の最も大きな影響は、1日10時間超の視聴者が増えていることです。言い換えると、一部の生活者が一日中テレビを見るようになり、それが全体の平均値を押し上げたと言えます。非常事態宣言により、1日あたりの視聴時間が、各家庭で0・5時間ずつ伸びたと考えることは誤りであり、一日中テレビをみているような、極端な生活者が増えたと考える方が正しいのです。

一方、2019年10月と2020年10月を比較すると、1日あたりの視聴が10時間を超えている割合は同程度です。1時間の割合が減少し、7～9時間あたりの視聴者が特に増加していることがわかります。テレワークが当たり前になり、新型コロナの流行期に身についた視聴習慣が定着し、視聴時間が長くなったと考えられます。平均値でみると4・5時間が4・7時間に増えただけですが、それ以上に構造的な変化が起きた可能性があります。平均値で見ると、わずか0・2時間の変化ですが、全体的な分布の変化からテレビ視聴は拡大しており、テレワークが普及した現在、有効な広告媒体と考えることができます。

これがデータをもとに客観的に事実を捉えるというデータサイエンスの基本です。特に難解な数式を使っているわけでも、統計的な知識を必要とする**数理モデル**（現実世界の事象・問題を数学的な形で表現したもの）を用いているわけでもありません。

この先には、時系列の変化をもとに、将来の動向を予測するという数理モデルなどが必要になってきますが、まずはデータから現状の特徴を理解することが重要なのです。そのために高度な専門知識は必要なく、基礎的な数学の知識があれば十分でしょう。

データサイエンティストに最初に求められる能力は「数値感覚」です。すべてのデータ群において、平均的な値はどれぐらいかという感覚を持つことは不可能です。たとえば、前出の例で言えば、日本人が平均的にテレビをどのくらい見ているのかなどは、広告業界の人でなければつかめないでしょう。しかし、平均の時系列変化のデータを見たときに、今回のデータでは、「個々のデータのバラツキが大きいのではないか?」と疑うことはできます。データの特徴を理解するために、平均値の変化を見ているだけでは、データを見誤ってしまいそうだという感覚を身につけることが重要なのです。

絶対的な数値の水準に対する感覚ではなく、データの背後に隠れた特徴を知る感覚がデータサイエンティストに求められる「**数値感覚**」です。この感覚は、必要最低限の知識と、データ分析の経験を通じて、身につけていくことができます。様々な形態のデータ分析(集計)を経験することで、自然と身につく感覚なのです。

マイクロソフトの成功を支えたベイズ・テクノロジー

データサイエンスを導入することで、ビジネスを成功に導いた企業の代表が、Google、Amazon、Apple などのＩＴ企業です。インターネット上のビッグデータを分析する仕組みを整えて、検索やリコメンドの最適化を図り、より多くの売上を獲得しました。また、これらの企業に先んじてマイクロソフト社もデータサイエンスで成功した企業の1つです。

ビル・ゲイズは「マイクロソフトが競争優位にたっているのは『**ベイズ・テクノロジー**』のおかげ」と言っています。ベイズ・テクノロジーとは、「**ベイズ統計**」の考え方をビジネスに応用することを指しています。ベイズ統計とは、トーマス・ベイズにより提唱された「**ベイズの定理**」を基本的な考え方とする統計学で、新しいデータを取り込みながら推定や予測の精度を高めていくという特徴があります。

ベイズ統計を応用した事例の代表例としては、迷惑メールの推定があります。

【迷惑メールの推定の問題】

※メールの本文中に「無料」という表記があったら迷惑メールだと判断できるか？
● 得られたデータ
　迷惑メールに識別されたメールの中で「無料」という表記が出現する割合：30％
　すべてのメールの中で「無料」という表記が出現する割合：10％

感覚的には、無料という言葉が全メールに占める割合と比べて、迷惑メールの場合は、出現割合が高いため影響はありそうだと感じます。しかし、無料という言葉があれば、すべて迷惑メールと判断するのは言い過ぎのように思われます。

過去の経験から、全メールの中で、迷惑メールが占める割合は20％ぐらいだと仮定すると、今回のデータから、図表5－7のベン図が整理されます。

わかりやすくするために、全体のメールの数を100通として表記しています。

迷惑メールの合計は100通の20％で20通、うち30％で無料表記があるので重なり部分は

図表 5-7　迷惑メール数の整理

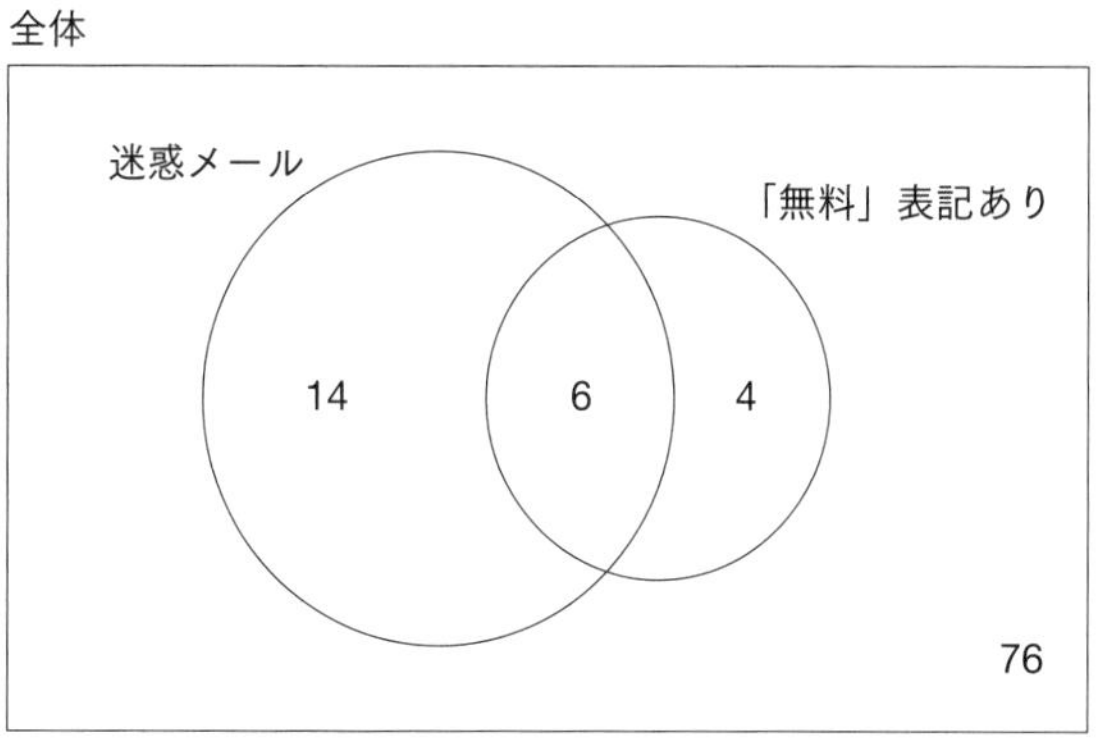

［出所］　筆者作成

6通。全メールで無料表記がある割合は10%（10通）で、うち迷惑メールの6通を除いた4通が通常メールで無料表記があります。迷惑メールではなく、かつ、無料表記もないメールは76通です。

迷惑メールのうち無料表記がある割合は30%でしたが、同じデータでも見方を変えると、無料表記があるメールのうち迷惑メールである割合は60%となります。重なりの部分（6通）を、迷惑メール側から評価するか、無料表記あり側から評価するかの違いです。60%であれば、「無料という表記がある場合は、迷惑メールの可能性が高いと」判断してもよさそうです。

「ベイズの定理」とは、このベン図の重なりの部分の関係を数式で表したもので、当たり前のことを言っているだけで難しくはありません。見方を変えるという点が「ベイズの定理」のポイントで、データを解釈する際の誤解を排除することができます。

同じデータを用いても、違う視点でみることで、結果に及ぼす要因を正しく評価できるのがポイントです。

メールソフトなどで実際に行われている迷惑メール判定では、「無料」という言葉だけではなく、「プレゼント」や「キャンペーン」などの他の言葉を含んだ場合や、2つ以上の言葉が含まれる場合など、様々な条件で迷惑メールになる割合を計算し、迷惑メールを別のフォルダに振り分けるなどの判断をしています。

「ベイズの定理」により、正しく要因を評価することができるようになるため、ビジネスにおける活用が進んでいます。迷惑メールのフィルタリング以外にも、記事のカテゴリ分類、自動翻訳、医療分野における検査やワクチン接種の効果測定などの分野で応用されています。

単純な定理ですが、巨大企業の成功を支えたと言わしめるほど大きな影響があるのです。データサイエンスは、データの見方・捉え方を変えるだけでも十分な意味を持ちます。マイクロソフト社はベイズ統計を活用できる人（「ベイジアン」と呼ばれています）を積極的に採用して、他社との差別化を図ったようです。データを多面的、客観的に取り扱うことができるデータサイエンティストが求められているのです。

データサイエンスにおける技術の進歩

データサイエンスがビジネスでも大きな影響を及ぼすようになった理由としては「技術の進歩」があげられます。

まずはパソコンの能力の進歩です。パソコンの処理能力は急激に高まっており、簡単なデータ分析であれば、パソコンとExcelなどの表計算ソフトで対応できるようになりました。「機械学習に適したパソコン」という名目で販売されているものもあり、演算処理の多い機械学習ですらパソコンで対応可能です。しかも、10万～20万円程度の予算でも、機械学習に対応できるパソコンもあり、容量の大きな画像データを扱わなければ、低予算でもデータサイエンスが実装できるようになりました。

次に**クラウド**（クラウドサービス、クラウドコンピューティングともいいます）の進化もデータサイエンスに大きく貢献しました。クラウドとは、インターネットを経由したコンピュータの利用です。必要なときに必要なレベルのコンピュータを利用できます。データベース、ストレージ（データの保存領域）、アプリケーションなども利用できるため、多額の初期投資を避けることができます。Amazonの「Amazon Web Services（AWS）」やGoogleの「Google Cloud Platform」が有名です。従量課金制ですが、一般の人でも割安で利用できるサービスもあり、個人でデータサイエンスを実行する人の多くが利用しています。

3つ目はアルゴリズムの進化です。「ベイズ統計」のように古くからある概念が、近年のデータサイエンスに応用されることでビジネスに大きく貢献する例もあります。一方で、「ディープラーニング（深層学習）」に代表される新しいアルゴリズムが次から次へと発明されていることが、データサイエンスのビジネス活用を推進しました。新しいアルゴリズムは研究者の間で共有され、自分たちが保有しているデータの分析に適用されます。解析や予測などの数理モデルに活用されて、より精度の高いモデルを構築することができ、データサイエンスがビジネスに貢献できるようになりました。これらのアルゴリズムは「**ライブラリ**」として広く共有されます。クラウド上で公開されたり、Pythonなどのプログラム言語から呼び出せるような形で、誰もが利用できるようになっているものも多くあります。このように新しいアルゴリズムや分析手法がグローバルに共有されることにより、より研究が進み、日々進化し続けています。コンピュータなどのハードウエアだけではなく、アルゴリズムというソフトウエアも高速で進化して、データサイエンスのビジネス活用を後押ししています。

最先端のデータサイエンスを生み出す「Kaggle」

第2章でも触れたKaggle《カグル》とは、データサイエンティストのコミュニティを提供するプラットフォームのことです。2017年にGoogleに買収されたKaggle社が運営しています。

Kaggleでは、企業や公共団体から、データ分析に関する課題が提供されます。賞金付きのコンペティション（競技会）が開催され、参加者は提供されたデータを分析して、課題に対する分析・予測モデルの精度を競います。企業は、その結果（分析モデル、アルゴリズムなど）を、賞金を提供することで買い取るという仕組みです。

全員がKaggleのコンペティションに参加するわけではなく、無料で参加できる初心者向けトレーニングの機会もあり、様々なデータが提供されています。
Kaggleは最新のデータサイエンスを競う場でもあり、データサイエンティストを育成する場でもあります。参加者も、賞金目当てというよりはデータサイエンティストとしての能力を高めることを目的とする人が多いようです。

企業や研究者がKaggleに参加することで、能力を高めることができるものの、一方で自分たちのノウハウや知識が外部流出してしまう可能性があります。それでもデータサイエンスに関する情報を共有し、より精度の高い数理モデルを構築しようという意識が高いようです。

データサイエンティストにとっては、最新の情報を共有化することで、データサイエンスに関する全体のレベルを上げていこうというモチベーションがあります。データサイエンスはまだまだ未完成で、これからさらに伸びる余地がある、という考え方の表れと言えるでしょう。データサイエンスは、これからも日々進化し続けるのです。

期待されるのはIT業界だけではない

データサイエンティストは、どのような業界で働いているのでしょうか。データサイエンティスト協会が実施した調査をみると、現役データサイエンティストが勤務している業界は図表5－8のようになっています。

データサイエンティストが勤務している業界は、IT・通信業界の企業が多くなっていますが、製造業の比率が拡大しているという特徴があります。IT業界の場合は、インターネットで取得できるビッグデータをもとに、データサイエンスで差別化を図る企業が多いこともあり比率が高くなるのは当然のことです。

それに対して、製造業の場合は、ここ数年で大きく意識が変わってきたと考えられます。工場などの製造工程や、配送などの工程で、データサイエンスを用いて業務効率化に取り組む製造業が増えたと言えます。さらに、自動車や食品などの消費者向けにビジネスを展開している製造業では、マーケティング戦略を立案するためにデータサイエンスに取り組むようになったという背景が考えられます。

従来のデータサイエンティストの主戦場はIT業界でしたが、いまでは様々な業界に拡大

図表 5-8　データサイエンティストが勤務している業種

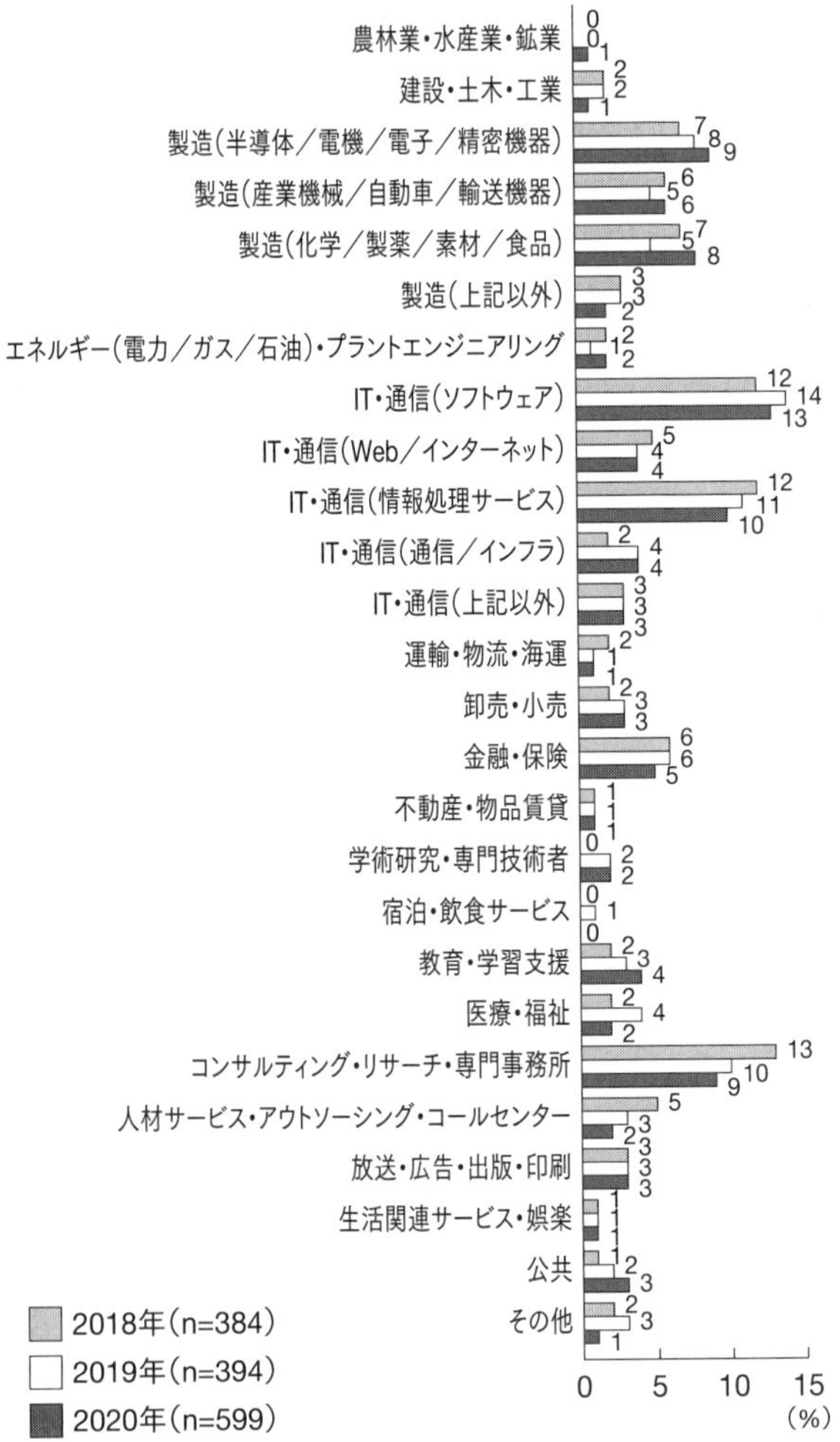

［出所］「一般会員アンケート」（データサイエンティスト協会）

していると言えます。業界の広がりも「データ分析の民主化」の表れの1つでしょう。また データサイエンスの適応範囲の広がりもあります。コスト削減、売上拡大、人事評価など、様々な業務において、データサイエンスが導入されてきています。

分析の先にある「対処法」の事例

データサイエンスのビジネス活用の最新事例を紹介しましょう。近年では、単純なデータ分析をするだけではなく、ビジネスに対して具体的な示唆を出すことまで求められています。データを使って診断したり、予測するだけではなく、具体的な対処法まで提示するデータサイエンスです。「**処方的アナリティクス**（Prescriptive Analytics）」と呼ばれ、ビジネスへの活用が注目されています。

処方的アナリティクスの事例の1つが「**価格最適化**（ダイナミックプライシング）」です。データサイエンスを活用し、需要に応じて、売上が最大となる価格を提示するものです。ダイナミックプライシングは、もともと航空券やホテル宿泊などで活用されていましたが、スポーツや演劇のチケット販売、ネットショップ、Uberのような配車サービス、電気自動車の充電料金など適用領域が広がってきています。

Jリーグのプロサッカークラブ横浜F・マリノスは、2019年シーズンから全面的に価格最適化の仕組みを用いた観戦チケットを販売しています。過去の販売実績データから、16種類あるスタジアムの座席の売れ行きを予測し、販売の状況に応じて最も収益が見込める価格をシステムが提示しています。プロ野球のオリックス・バッファローズが2019年7月に実施したダイナミックプライシングの実証実験では、チケットの平均単価は2%下がりましたが、販売数量が17%伸び、チケット収入が14%増加するという結果が得られました。ダイナミックプライシングは、価格を適正化して収益を最大化することができます。

処方的アナリティクスの2つ目の事例としては、「AIによる発注の最適化」があげられます。セブン&アイ・ホールディングスのイトーヨーカ堂は、2020年9月から食品を扱う全店舗でAI発注の仕組みを導入しました。商品の販売実績、在庫の状況、天気などを踏まえて、加工食品や酒類など食料品の約8000品目を対象に最適な発注量を提案しています。試験運用中の検証によると、発注にかかる時間を約30%削減し、欠品率を約20%削減する効果が得られたようです。

将来の売上を予測するだけではなく、現実の業務では、いくつ売れるかの予測を踏まえて、いくつ商品を発注するかまで提案することを求められます。発注するためには、在庫スペース、発注ロットサイズ、販促計画、売上目標など、様々な制約にもとづいて数量を決める必要があるのです。これらの制約条件を踏まえて、最適な発注量を計算する分析活動が「AI発注」のポイントです。

3つ目の事例としては「広告出稿の最適化」があります。不動産・住宅情報サイトを運営するLIFULLは、年間100億円近くの広告宣伝費を使っていますが、どの広告媒体にいくら投資するかの最適化を機械学習と数理最適化の手法を用いて行っています。広告の価値を定量化し、売上の最大化や利益の最大化などの目的に応じて、最適な広告出稿のポートフォリオを計算しています。

広告の出稿は、従来のマスメディアに加えデジタルメディアの出現で広告活動が多岐にわたる中、効果の見えづらさが課題となってきています。最適な出稿メディアの組み合わせまでアウトプットされる仕組みは処方的アナリティクスの代表例と言えます。

データサイエンスのビジネス活用の範囲は拡大しています。業界的な広がりだけではなく、対応する業務内容も拡大しています。言い換えると、データさえあれば、どのような業界、どのような業務でもデータサイエンスは活用できます。単純な分析や予測で終わるのではなく、どのような対応をすべきかまで提示できれば、ビジネスにおけるデータサイエンスの活用はさらに拡大するでしょう。

データサイエンスをビジネスで活用するために

データサイエンスを活用できる範囲は広いものの、実際に導入しようと思うと様々な課題があります。

データサイエンスは万能ではありません。データサイエンス技術を用いれば、やりたいことが魔法のようにできると思ってしまいがちです。しかし、実際には、基本的には与えられたデータにロジックを当てはめ、最適な関数を導出するものに過ぎないのです。

得られるデータの良し悪しで、ほぼ達成可能な精度の上限が決まります。業務上99％の精度が要求されるものに対し、入手可能なデータではせいぜい90％程度の精度が限界であるようなケースもあります。このようなケースで残りの9％分を埋めるのは現実的に困難で、解決不可能と言っていいでしょう。現在のデータと技術で十分に解決可能なテーマについて、データサイエンスを導入することが求められます。

また、制約のあるデータをもとにデータサイエンスを導入した場合でも、その継続性についても検討しておく必要があります。実際に、データ分析段階で実施した技術が本番実装段階では動かない場合も多々あります。精度向上を優先するあまり、データ分析段階で、最先端のライブラリを使用したり、訓練時間、推論時間に制約なく数理モデルを構築してしまうことがあります。この場合、本番実装時の運用制約などにより、使い物にならないモデルができてしまう可能性があるのです。

あるいは、データ分析段階で使用したデータは、実際に継続的に取得するためには莫大なコストや時間がかかることもあります。現場部門側は、モデリング時に一度データを渡せば、以後データを渡さなくて済むと誤解しているケースがあります。

一方で、データサイエンティストはモデリング時に入手できたデータは本番実装後も当然入手できると考えがちです。運用制約を踏まえて最適な技術・データ取得を選定することが必要なのです。

データサイエンスに対する誤解も大きな阻害要因となります。データサイエンスプロジェクトでは、問題設定フェーズとデータ取得フェーズは、互いに行き来する関係にあります。データ準備とモデリングも互いに行き来する関係にあり、さらにモデル評価後に改めてビジネス理解に戻る可能性もあります。このように、データサイエンスには「試行錯誤」のフェーズが付き物なのです。何度も手戻りをして繰り返し精度を高めていくのです。これを理解していないと、スケジュールを立てる際に、単純に「問題設定フェーズ」「問題解決フェーズ」「本番実装フェーズ」と立ててしまいがちです。データサイエンスのプロジェクトを運用する段階で、誤ったスケジューリングやコストが設定されてしまい、プロジェクトがうまく回らない可能性があります。

データサイエンスのビジネス活用が進むことにより、データサイエンティストの活躍の場は拡大してきました。一方で、データサイエンスを活用しようとする企業（経営側）の意識は古いままというケースも多く見られます。データサイエンティストを活用する側の意識改革も重要な課題と言えます。

5　データサイエンティストの将来性

現役データサイエンティストが期待する将来性

今後、データサイエンティストが不足することは間違いないでしょう。それでは、現役のデータサイエンティストは将来について、どのように考えているのでしょうか。

現役のデータサイエンティストに対するアンケート調査結果をみると、第1章でも整理したように、「現在の業務に満足している」データサイエンティストは42％でした。一方で、「将来性を感じている」データサイエンティストは81％です。現役のデータサイエンティストは、現在の業務には満足していないものの将来に対しては高い期待を持っていると言えます。

データサイエンティストの将来性について、年代別に整理したものが図表5－9です。全体でみても将来性を感じている人が81％と高いですが、将来性を感じていない人は4％と極端に低いという特徴もあります。将来性を感じていない人でも、不透明と感じているだけ

図表 5-9 「データサイエンティスト」という仕事に将来性を感じている割合

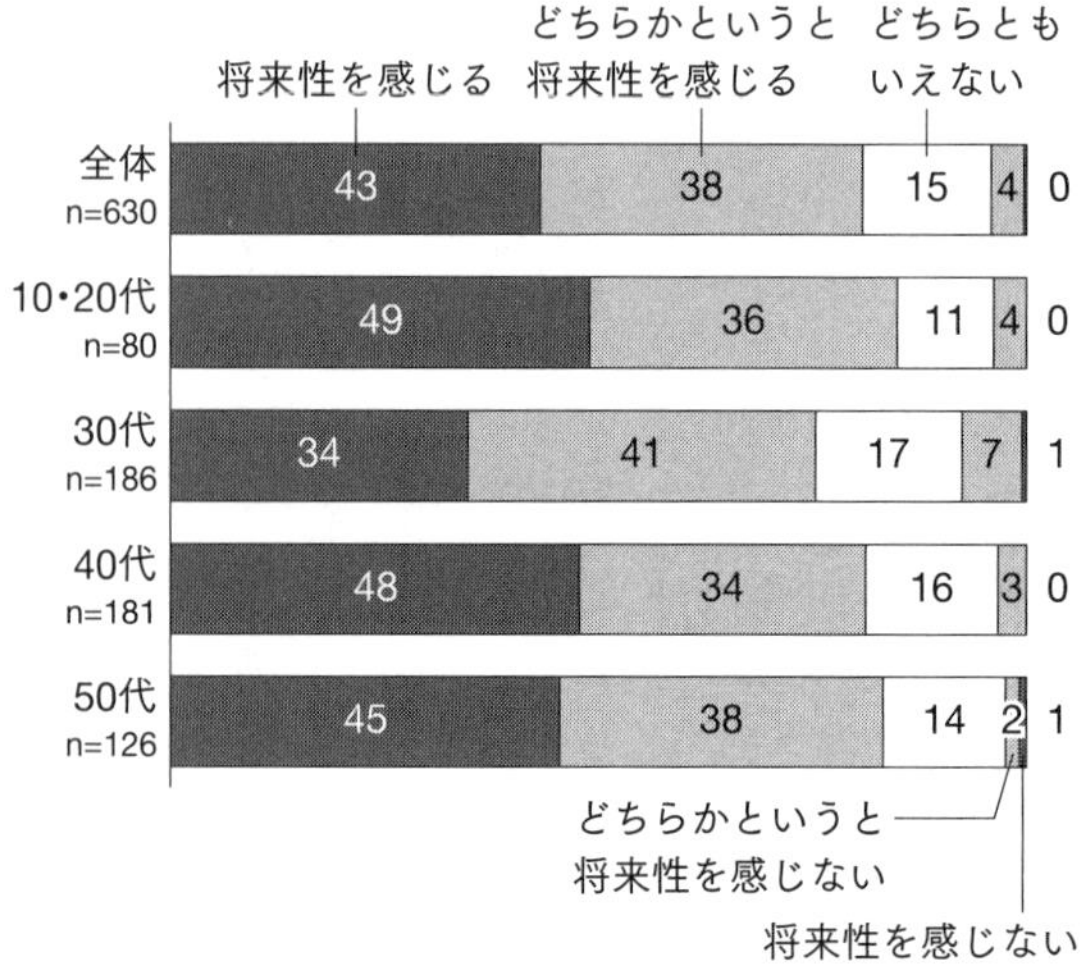

［出所］「一般会員アンケート」（データサイエンティスト協会）

で、将来性がないとは思っていません。また、年代別でみると、すべての年代で高い将来性を持っていることがわかります。いわゆる管理職になるような50代においても、データサイエンティストという仕事に将来性を感じていますし、10・20代の若年層においても、将来性を感じている人が多くなっています。特に、10・20代の場合は、「どちらかというと将来性を感じる」のではなく、明確に「将来性を感じる」と回答しているデータサイエンティストが多くなっており、将来に期待が持てることを確信していると言えます。

内閣府が実施した満13～29歳の若者を対象とした意識調査（「我が国と諸外国の若者の意識に関する調査」〔2018年度〕）によると、「自分の将来について明るい希望を持っている」日本の若者の割合は60・6％でした。この値は、アメリカの92・5％やイギリスの88・4％などの欧米諸国の値と比較しても、極端に低い水準です。日本の若者は、将来に対して悲観的に考えがちなのですが、データサイエンティストという職種についている若者は、将来に対して明るい希望を持っているのです。

若年層を中心とする将来への期待感がデータサイエンティストの最も強調すべき特徴でしょう。現状では、業務量、業務内容、処遇などの面で、必ずしも満足度は高くありません。それでも、ほとんどの人がデータサイエンティストという職種に将来性を感じているのです。

拡大する企業側の受け皿

先進企業ではデータサイエンティストを集めた全社横断的な組織を作っています。日本におけるデータサイエンスの先駆的企業であるヤフーでは「サイエンス統括本部」という部署で多くのデータサイエンティストが活躍しています。日本のAI分野を牽引する日立製作所も2020年に「Lumadaデータサイエンスラボ」という組織を立ち上げました。これらの組織に共通することは、データサイエンスに関するノウハウ、人材、技術を1つの部署に集約することで、データサイエンスを高度化していこうという考え方です。データサイエンティストは個々人で専門性も違いますし、それぞれの業務内容に応じて分析する内容も異なります。具体的なデータ収集や分析については、担当する現場の部署に任せるとしても、データサイエンスに関するノウハウを全社横断で集約することで、より高度なデータサイエンスの実現を目指していると言えます。

データサイエンティスト協会の調査結果では、データサイエンティストがいる企業のうち62%が「データサイエンスに関する専門部署」を持っていると回答しています。さらに「今後、設立を予定・検討している」割合は13%となっており、将来的には4分の3の企業がデータサイエンスに関する専門部署を持とうとしています。

一方で、企業として受け皿は用意したものの有名無実化している例もよく聞かれます。明確なミッションもなくデータサイエンスの組織を作っただけで、あまり機能していない例です。現場の意識と離れたR＆Dを繰り返していたり、データを分析することだけを主眼としてしまうなど、組織として浮いてしまうこともあります。企業側にはミッションをはっきりとさせたデータサイエンスの組織づくりが求められます。

社内育成から中途採用へ

データサイエンティストの確保の仕方についても企業側の意識が変わってきています。「データサイエンティストの中途採用ニーズは、ここ数年で大幅に高まっています」と転職エージェント会社の担当者から話を聞く機会が増えています。実際に転職サイトをみても、データサイエンティストの専門のページが作成されている事例も多く見られます。

データサイエンティスト協会の調査結果をみると、２０１９年調査では、データサイエンティストの確保は「社内の異動・育成」が中心でしたが、２０２０年調査では「中途採用」や「新卒採用」に軸足が移りました。

データサイエンティストを外部から確保しても、自社のビジネスが理解できていないいため、精度の高い数理モデル構築を主眼においてしまい、あまり成果につながらないことが多くありました。そのため、企業では、自社ビジネスを理解している社員に、データサイエンスを教えることで、データサイエンティストを確保しようとしました。しかし、最近では、社内での人材確保に限界を感じているようです。

データサイエンティストの場合、ビジネスに対する理解だけではなく、統計などのデータサイエンスの専門知識や、データを処理・加工するエンジニアリングの能力も必要です。これらの3つの能力をバランスよく習得させることは難しいようです。少なくとも、社内の人材だけで、3つの能力をバランスよく持つ人を「大量に」育成することは限界があり、外部からの採用に転じました。外部からの人材であれば、データサイエンスの専門知識とエンジニアリングの知識を持つ人を見つけることは可能です。これらの人に自社ビジネスを教えた方が効率的と考える企業が増えたと言えます。

手本がない／理解されない／時間がない

データサイエンスに関する専門の部署があっても、データサイエンティストが満足するわけではありません。業務内容や処遇などの面で満足できない場合もありますが、それ以外にも、現役データサイエンティストが自身のキャリア形成などのために抱えている不満から「３ナイ」を紹介しましょう。

１つ目は「手本がない」という不満です。データサイエンティストという職種の歴史は浅いため、自身のロールモデルとなる人がいないのです。会社の中で成功するデータサイエンティストとは、どのような仕事をしているのか、どのような役割をすべきなのか、お手本となる人が少ないのです。

データサイエンティストは比較的年齢の若い人が多い職種ですが、もちろん年齢が高い人もいます。とはいえ、高年齢層の方であっても、現役のデータサイエンティストとして、若手と同じく分析などの業務に従事している場合が多くみられます。若いデータサイエンティストにしてみれば、将来、会社の中で、自分がどのような役割を担うことができるのかが見えづらく、不安があるのです。

近年では、成功したプロジェクトのデータサイエンティストとして、メディアに取り上げられる人も出てきました。自社の中にロールモデルがいなくても、社会全体で成功したロールモデルがいれば、若いデータサイエンティストは、その人を目指して頑張ることができるでしょう。

今後は、データサイエンティストという職種が歴史を刻むことにより、ロールモデルとなる先駆者が増え、手本がないという問題は解決していくのではないでしょうか。

2つ目は「上司の理解がない」という問題です。データサイエンスの新しい組織を設けても、その組織の管理職はデータサイエンスを経験していないという場合があります。管理職になる方が若い頃はデータサイエンティストという職種がなかったわけですから当然です。

一般的な企業経営という視点では、マネジメントの専門性を身につければ、自身が経験のない業務の部署においても「管理職」として働くことは可能でしょう。しかし、データサイエンスの部署の場合は、単純に管理するのではなく、データサイエンス業務という専門性・特殊性を理解することが管理職に求められます。

データサイエンスをビジネスで活かす場合、大量のデータ整理、試行錯誤などを通じて、やっと成果が出ることが多くあります。たった1％の精度を高めるために莫大な時間と労力を費やすこともあります。

これらの大変さは、実際にデータサイエンスを経験していないと理解が難しいのではないでしょうか。若手のデータサイエンティストにとっては、これが「上司の理解がない」と感じてしまっている要因だと言えます。

3つ目は「スキルアップのための時間がない」という不満です。データサイエンスの分野は、日々、技術革新が起こっています。新しいアルゴリズムの研究成果が共有されたり、処理速度の速いハードウエアが発表されるなど、毎日のように、情報がアップデートされます。データサイエンティストは、これらの最新情報を収集・理解し、自分たちの研究・業務に活用できるのかを判断する必要があります。

一見すると業務に関係のない技術でも、適応可能性については探っておく必要があり、業務外でも多くの時間が必要となります。

たとえば、データサイエンスのためのプログラミング言語といえば、10年前は「R」が主流でした。統計解析などを簡単に実施でき、結果の表示も優れていると言われています。当然、いまでもRを使っている人もたくさんいますが、現在、データサイエンスの主流言語といえば「Python」です。それぞれの言語には良いところ、悪いところがあるため、両方を使い分けることが理想的な使い方ですが、2つの言語を覚える手間を考えると、Python の使い勝手が良く、主流になってきたと言えます。RからPython への移行は、たった数年で起こった変化であり、データサイエンティストはこれらの変化についていく必要がありま す。スキルアップのために多くの時間を使う必要があるのです。もちろん、スキルアップに時間を要するということに対する周りの理解も重要です。

「スキルアップのための時間がない」という意識の裏側には、自分で「スキルアップしなければならない」という意識があると言えます。データサイエンティストは、必ずしも業務に直結するわけではない領域へのアプローチも含めて、スキルアップに対して高い意識を持っているのです。このような意識の高さがデータサイエンティストという職種をさらに進化させる可能性があります。

データサイエンティストの「3ナイ」の意識は、いずれもデータサイエンティストという職種が発展途上であることに起因しています。データサイエンスを経験した上司が増え、業務内容や課題を共有できるようになることで解決していくでしょう。言い換えると、発展途上だからこそ、いまはこのような不満が出ますが、それだけ将来性がある職種なのです。

社外のコンサルタントと社内外のデータサイエンティスト

企業の経営をサポートする役割として「経営コンサルタント」という職種があります。企業の経営課題について、独自の課題解決方法や、「**フレームワーク**」を使うことで、企業経営をサポートしてきました。フレームワークとは考え方の枠組みのことで、企業の強みと弱みを内部環境・外部環境の視点で整理する「SWOT分析」や、Customer（市場）、Competitor（競合）、Company（自社）の3つの観点で企業を取り巻く環境を分析する「3C分析」などが有名です。これらは事業の状況を客観的に評価するものです。経営コンサルタントは、自分の経験・知識・知恵をもとに、フレームワークなどを活用することで価値を創出してきました。

これからはデータサイエンティストが経営コンサルタントに代わって、企業経営をサポートしていく時代になります。各社が保有しているデータという資源を活かして、フレームワークではなく「アルゴリズム」や「数理モデル」という知識を武器に、企業経営をサポートするようになるでしょう。また、経営コンサルタントが自らの経験から将来のビジネスを描くように、データサイエンティストはデータによる「シミュレーション」で将来を描きます。過去の事例ではなく、データをもとに、ビジネス判断に関するアドバイスを行うのです。

経営コンサルタントは、社内で同様の役割を担っている人がいる場合もありますが、客観性を担保するために外部に依存することが多いのが現状です。一方で、データサイエンティストの場合は、データという客観的なインプットを使うため、社外の人材だけではなく、社内人材でもファクトをもとに社内に新しい提案をすることができます。大切なことは、将来、企業にとって、データを使って客観的に経営課題を把握できるデータサイエンティストが必要になるということです。

これからのデータサイエンティスト

これからはデータサイエンティストの時代です。企業が成長していくためには、データサイエンティストは欠かせない存在なのです。

データサイエンティストは、病院における「麻酔科医」に似ています。麻酔科医は地味なイメージが強く、単独で開業医になることも稀で、医学部生からもあまり人気がないようです。そのため、麻酔科医は慢性的な人手不足で困っています。一方で、心臓外科、脳外科、呼吸器科、産科など、臓器や分野を超えて患者に接する診療科の医師は人気です。でも麻酔科医は医療現場には欠かすことができず、縁の下の力持ちとも言われています。

すべての現場で絶対に必要とされていますが、具体的な業務内容が共有・理解されておらず、仕事に光が当たりづらいという点で、データサイエンティストの現状に近いのです。「麻酔を打つだけでしょ」という麻酔科医に対する誤解と同様に、「データを分析するだけでしょ」という誤解がデータサイエンティストにも多くあります。この誤解の払拭がデータサイエンティストに最も求められています。

データサイエンスはあらゆる場面で必要となります。マーケティング、受発注、工場における製造工程、配送、従業員の管理、人事制度など、データがあるところすべてでデータサイエンスが求められています。データサイエンスの役割は、現状把握から、将来予測、戦略提案まで幅広くなってきました。データサイエンティストはデータを分析するだけではありません。企業経営のあらゆる分野において、縁の下の力持ちとしてデータサイエンティストが求められているのです。

今後もデータサイエンティストに対する企業のニーズは高まり続けるでしょう。その背景としては、以下のようなことが考えられます。

- 企業が持つ既存のデータを十分に分析できていない
- コンピュータの処理能力が向上して、より複雑な分析ができるようになる
- 新しいアルゴリズムが生み出され、データ分析の精度が向上する
- 従来とは異なる分野・業務にデータサイエンスが活用できるようになる
- これまで取得できていなかった、新しいデータが取得される（データは無限にある）

データサイエンティストの将来が明るいことの最大の理由は「データは無限にあること」です。データが無限にあるからこそ、ビジネスへの応用範囲も無限なのです。現金取引からECへの変化により購買履歴の詳細データが取れるようになるなど、デジタル化の進展は、従来は取れなかった新しいデータを掘り起こします。また、センサリング技術の進展は、新

しいデータを生み出し続けます。データの埋蔵量は増え続けているのです。データが無限にある限り、データサイエンスの可能性も無限ですし、データサイエンティストに対するニーズも無限なのです。

本書ではデータサイエンティストの役割、魅力、仕事内容などを伝えてきました。データサイエンティストに対する誤解がなくなり、重要性や将来性を正しく理解してもらえればと思います。

最後に、一人でも多くの人がデータサイエンティストを目指すようになることを祈念して、この本を終えたいと思います。

〈ブックガイド〉

◆菅由紀子、他『最短突破 データサイエンティスト検定（リテラシーレベル）公式リファレンスブック』（技術評論社、2021年9月）
データサイエンティストの基礎スキルを網羅しています。

◆高橋信『マンガでわかる統計学』（オーム社、2004年7月）
初心者にやさしくマンガと文章で解説しています。

◆涌井良幸、涌井貞美『統計学の図鑑』（技術評論社、2015年5月）
統計の手法を詳しく図解しています。

◆西岡康夫『単位が取れる統計ノート』（講談社、2004年11月）
公式の速習に最適です。

◆有賀友紀、大橋俊介『RとPython で学ぶ［実践的］データサイエンス&機械学習【増補改訂版】』（技術評論社、2021年5月）
RとPython の自習に適しています。

◆加藤公一（監修）、秋庭伸也、他『機械学習図鑑　見て試してわかる機械学習アルゴリズムの仕組み』（翔泳社、２０１９年４月）
機械学習の手法を詳しく図解しています。

〈ツールガイド〉

◆統計ＷＥＢ　自習、書籍紹介、Tipsなど様々な情報が掲載されています。
https://bellcurve.jp/statistics/

◆ＳＰＳＳ　本書第2章で紹介した分析ツールです。
https://www.ibm.com/jp-ja/analytics/spss-statistics-software

◆ＳＡＳ　本書第2章で紹介した分析ツールです。
https://www.sas.com/ja_jp/home.html

◆DataRobot　本書第2章で紹介した分析ツールです。
https://www.datarobot.com/jp/trial/

◆RStudio　本書第2章で紹介したRの実行環境です。
https://www.rstudio.com/products/rstudio/

◆Jupyter Notebook　本書第2章で紹介したPython の実行環境です。

https://jupyter.org/

◆**Google Colaboratory**　本書第2章で紹介したPython のオンライン・データ分析サービスです。
https://colab.research.google.com/notebooks/welcome.ipynb?hl=ja

右記のツール以外に、本書第2章で紹介した「**スキルチェックリスト**」「**タスクリスト概説**」は、それぞれデータサイエンティスト協会、ＩＰＡのウェブサイトに掲載されています。

「**データサイエンティスト スキルチェックリスト**」
https://www.datascientist.or.jp/common/docs/skillcheck_ver3.00.pdf

「**データサイエンティストのためのスキルチェックリスト／タスクリスト概説**」
https://www.ipa.go.jp/files/000083733.pdf

た行

知的資産……93
着想・デザイン……49
ディープラーニング（深層学習）……27, 155
データエンジニアリング力……47
データ加工……52
データクレンジング……87
データサイエンス力……31, 47
データサイエンティスト検定……17
データ処理能力……29
データ操作言語……56
データドリブン……49, 77
データの理解・検証……51
データは21世紀の石油……22
データ分析の民主化……40, 150
データベース管理システム……56
テストマーケティング……96
統計学……158
統計検定……16, 63
棟梁レベル……67
ネットワークスペシャリスト試験……65

は行

パターン発見……53
パッケージ……58
非構造化データ……54
ビジネス観点のデータ理解……49
ビジネス力……31, 47
ビジョン実現型……41
ビッグデータ……14
独り立ちレベル……67, 79
標準偏差……89
ファーストパーティークッキー……176
フライボール革命……20
フレームワーク……211
プログラミング言語とライブラリ……58
プロジェクトマネージャ試験……65
分析評価……49
分析プロセス……51
平均値……89
ベイズ・テクノロジー……185
ベイズ統計……185
ベイズの定理……185

ま行

マークアップ言語……56
見習いレベル……67
迷惑メールの推定……186

や行

予測……53

ら行

ライブラリ……190
論理的思考……48

索　引

英数字

AI（人工知能）……15, 23, 152
CRM（Customer Relationship Management）……38
CS（Customer Satisfaction）……37
CX（Customer Experience）……39
DataRobot……60
DS（Data Science）……151
DX（Digital Transformation）……151
Excel……59
G検定……16
ITパスポート試験……65
Kaggle……60, 191
PoC（Proof of Concept）……96
Python……60
R……60, 209
SAS……59
SPSS……59

あ行

アルゴリズム……24
意味合いの抽出・洞察……51
因果推論……27

か行

価格最適化……195
仮説構築……84
課題解決型……41
課題の定義……49
活動マネジメント……48
機械学習……155
基礎数学……50
基本情報技術者試験……65
基本統計量……89
業界の知識（ドメイン知識）……78
業界を代表するレベル……67
クッキー……176
クッキーレス……176
クラウド……189
グルーピング……53
契約・権利保護……48
欠損値……88
検定／判断……53
行動規範……48
個人情報……171

さ行

サードパーティークッキー……176
サービス……58
最適化……53
サンプリング……52
事業への実装……49
シミュレーション／データ同化……53
市民データサイエンティスト……40, 150
情報処理技術者試験……65
処方的アナリティクス……195
数値感覚……184
数理モデル……183
スキルチェックリスト……67
スキルレベル……67
性質・関係性の把握……53

〈執筆者紹介〉

塩崎潤一（しおざき・じゅんいち）

野村総合研究所データサイエンスラボ長、（一社）データサイエンティスト協会理事。
1990 年筑波大学第三学群社会工学類卒業、野村総合研究所入社。マーケティング戦略の立案、ブランド・マネジメント、広告宣伝の効果測定などが専門。マーケティングサイエンスコンサルティング部長等を経て現職。

広瀬安彦（ひろせ・やすひこ）

野村総合研究所データサイエンスラボ上級研究員、（一社）データサイエンティスト協会コミュニティ・ハブ（人材交流）委員。
1997 年慶應義塾大学文学部人間関係学科卒業、DNP デジタルコム入社。インターネットモールの企画営業などに携わる。2001 年野村総合研究所入社。データサイエンティストの育成・組織開発などに従事。

〈執筆協力〉

鷺森崇（さぎもり・たかし）

野村総合研究所データサイエンスラボ上級データサイエンティスト

田村初（たむら・はじめ）

野村総合研究所データサイエンスラボ上級データサイエンティスト

田村光太郎（たむら・こうたろう）

野村総合研究所データサイエンスラボ主任データサイエンティスト

鈴木雄大（すずき・ゆうた）

野村総合研究所データサイエンスラボ副主任データサイエンティスト

編者略歴

野村総合研究所データサイエンスラボ

2021年4月に野村総合研究所（NRI）未来創発センター内に新設された組織。コンサルティングサービスとITソリューションを提供する野村総合研究所において、全社横断でデータサイエンスを推進するための組織として設立された。

主な活動内容として、データサイエンスに関するノウハウの集約・共有、データサイエンティストの育成・活用、基礎研究を通じた数理モデルの構築、経済・産業・社会・生活者のトレンド予測など。NRIにおけるデータサイエンスの最先端の取り組みを積極的に対外発表している。

NRIデータサイエンスラボ公式YouTubeチャンネルにて、データサイエンス用語の解説などを発信中。

https://www.youtube.com/c/NRIDSL

日経文庫 1445

データサイエンティスト入門

2021年12月15日　1版1刷
2022年 3 月11日　　　4刷

編　者　野村総合研究所データサイエンスラボ
発行者　白石 賢
発　行　日経BP
日本経済新聞出版本部
発　売　日経BPマーケティング
〒105-8308　東京都港区虎ノ門4-3-12
装　幀　next door design
組　版　マーリンクレイン
印刷・製本　シナノ印刷

ISBN978-4-532-11445-9
Printed in Japan